저자 _ **김 창 환**

제일어학

머리말

　현재 일상적으로 쓰이는 중국어 어휘에는 고전에서 유래된 것들이 많다. 문학 작품은 물론, 신문 기사나 방송 보도, 나아가서 일상 회화에 이르기까지 자주 등장한다. 이런 어휘들은 특히 문장의 키워드로 사용되는 경우가 많아 전체적인 맥락을 이해하는 데에 중요한 역할을 한다. 이때 글자 풀이만으로는 그 속뜻을 알기가 어렵다. 연관된 고사나 그 유래를 알아야 제대로 이해하고 활용할 수 있다.

　이 사전은 중국어를 공부하면서 꼭 알아야 할 유래어휘 610여 개를 선정하여 해설한 것이다. 현대 중국어 속에 녹아 있는 어휘들을 대상으로 했다는 점에서 기존의 성어사전들과는 성격이 다르다. 어휘의 발췌에 있어서는 중국인에게 가장 신뢰받는 사전인 《현대한어사전(现代汉语词典)》을 주로 참고하였고, 《응용한어사전(应用汉语词典)》, 기타 여러 사전들을 아울러 고찰하였다.

　어휘의 풀이는 먼저 □ 안에서 한어병음과 한글 음을 제시하고 글자의 뜻을 밝혔다. 다음으로 응용되는 속뜻을 풀이하고, 출전과 원문을 제시하였다.(제목에서 유래되었거나 글의 전체적인 뜻을 나타내는 어휘에 대해서는 원문을 제시하지 않은 경우도 있다.) 끝으로 원문을 번역하였다. 고전 텍스트의 원문에 대한 번역을 제시함으로써, 중국어 공부뿐 아니라 연관된 한문이나 한시의 구절을 익히는 효과도 얻을 것이다. 이 책이 중국어 공부와 한문 공부에 미력하나마 도움이 되기를 기대한다.

　작은 책을 엮는데 많은 분들의 도움을 받았다. 어휘의 사용 빈도, 한어병음, 성조 등에 대해서는 북경 경제무역대학의 주옥파 선생님이 자세히 살펴 주셨다. 서울대학교의 김영식 선생님과 이남종 선생님은 출전 원문의 오자와 번역상의 오류를 지적해 주셨고, 오광건 선생님은 우리말 표현을 다듬어 주셨다. 책이 이 정도나마 모양을 갖추게 된 것은 여러 선생님들의 덕택이다. 출판을 허락해 주신 제일어학의 박재택 사장님과 아담한 책으로 편집해 주신 신웅식 과장님, 그리고 자료 조사에 도움을 주신 분들의 고마움을 잊을 수 없다. 이 자리를 빌어 깊이 감사드린다.

2006년 12월

김 창 환 (金昌煥)

A

B

C

沧海桑田(滄海桑田) cāng hǎi sāng tián _65

沧海一粟(滄海一粟) cāng hǎi yī sù _65

草木皆兵 cǎo mù jiē bīng _66

曾经沧海(曾經滄海) céng jīng cāng hǎi _66

差之毫厘, 谬以千里(差之毫釐, 謬以千里)
　chā zhī háo lí, miù yǐ qiān lǐ _67

长袖善舞(長袖善舞) cháng xiù shàn wǔ _67

沉鱼落雁(沉魚落雁) chén yú luò yàn _68

陈陈相因(陳陳相因) chénchén xiāng yīn _68

陈世美(陳世美) Chén Shìměi _69

成也萧何, 败也萧何(成也蕭何, 敗也蕭何)
　chéng yě Xiāo Hé, bài yě Xiāo Hé _69

乘风破浪(乘風破浪) chéng fēng pò làng _70

程门立雪(程門立雪) Chéng mén lì xuě _70

尺短寸长(尺短寸長) chǐ duǎn cùn cháng _71

宠辱不惊(寵辱不驚) chǒng rǔ bù jīng _71

出尔反尔(出爾反爾) chū ěr fǎn ěr _72

出类拔萃(出類拔萃) chū lèi bá cuì _73

吹毛求疵 chuī máo qiú cī _73

垂帘(垂簾) chuílián _74

春风得意(春風得意) chūnfēng déyì _74

春兰秋菊(春蘭秋菊) chūn lán qiū jú _75

唇亡齿寒(唇亡齒寒) ☞ 辅车相依
　chún wáng chǐ hán ☞ fǔ chē xiāng yī _75

此岸 ☞ 彼岸 cǐ'àn ☞ bǐ'àn _75

此一时, 彼一时(此一時, 彼一時) ☞ 彼一时, 此一时
　cǐ yī shí, bǐ yī shí ☞ bǐ yī shí, cǐ yī shí _76

H

K

L

M

R

S

T

他山之石 ☞ 攻错 tā shān zhī shí ☞ gōngcuò _263

W

X

Y

Z

阿斗　Ā Dǒu

아두 : 사람 이름

풀이

어리석고 무능한 사람을 비유하는 말이다. ['아두(阿斗)'는 삼국 (三國) 시대 촉(蜀)나라의 후주(後主) 유선(劉禪)의 아명(兒名) 이다. 그는 부왕인 유비(劉備)의 뒤를 이어 제위(帝位)에 올랐으 나, 결국 위(魏)나라에 항복하였다.]

출전 : 《三國志·蜀志·劉封傳》, "自立阿斗爲太子已來, 有識之人 相爲寒心。"

번역 : 《삼국지·촉지·유봉전》, "아두를 세워 태자로 삼은 뒤로부터, 식견 있는 사람들은 서로 염려하였다."

爱河(愛河)　àihé

애하 : 애욕의 강

풀이

애정(愛情)이나 정욕(情欲)을 비유하는 불가어(佛家語)이다.

출전 : 《楞嚴經》卷四, "愛河乾枯, 令汝解脫。"

번역 : 《능엄경》 권 4, "애욕의 강이 말라, 너로 하여금 해탈하게 하였다."

爱屋及乌(愛屋及烏) ài wū jí wū

애옥급오 : 집을 사랑하니 까마귀에까지 (그 사랑이) 미친다.

 **풀이**

어떤 사람을 사랑하게 되면 그 사람과 관계 있는 다른 사람이나 사물에까지 관심을 갖게 됨을 비유한다. "아내가 귀여우면 처갓집 말뚝 보고 절을 한다."라는 우리 속담에 해당하는 성어이다.

출전 : 《尙書大傳・大戰》, "愛人者, 兼其屋上之烏。"

번역 : 《상서대전・대전》, "어떤 사람을 사랑하는 자는 그 집 지붕의 까마귀까지 아울러 사랑한다."

安步当车(安步當車) ān bù dàng chē

안보당거 : 편안한 걸음으로 수레를 대신하다.

 **풀이**

부귀를 바라지 않고 청빈한 삶을 추구하고자 하는 의지를 비유한다.

출전 : 《戰國策・齊策》, "晚食以當肉, 安步以當車。"

번역 : 《전국책・제책》, "늦게 먹는 것[배고픈 후에 먹는 것]을 고기(먹

는 것으)로 여기고, 편안히 걷는 것을 수레(타는 것으)로 여기겠습
니다.”

安乐窝(安樂窩)　ānlèwō

안락와 : 편안한 집

풀이

소박하지만 조용하고 편안한 거처를 일컫는다.[송대(宋代) 소옹
(邵雍)이 소문산(蘇門山)에 은거할 때, 자신의 거처에 붙인 이름
이다.]

출전 : 宋 邵雍,〈安樂窩中四長吟〉,“安樂窩中快活人, 閑來四物幸
相親。一編詩逸收花月, 一部書嚴驚鬼神, 一炷香淸冲宇泰,
一樽酒美湛天眞。”

번역 : 송 소옹,〈안락와중사장음〉,“안락와 안에서 즐거운 사람이, 한
가로워짐에 네 가지를 가까이 한다네. 한 권의 뛰어난 시집은 꽃
과 달을 거두었고, 한 권의 엄숙한 책은 귀신을 놀라게 하며, 한
자루의 맑은 향은 공중에 솟아오르고, 한 동이의 아름다운 술은
순수를 머금었도다.”

安贫乐道(安貧樂道)　ān pín lè dào

안빈락도 : 가난에 편안하고 도를 즐기다.

풀이

부귀 공명에 마음 쓰지 않고 도를 추구하는 태도를 비유한다.

번역 : 《논어·학이》, "가난하면서도 (도를) 즐기고, 부유하면서도 예를 좋아한다."

暗度陈仓(暗度陳倉)　àn dù Chéncāng

암도진창 : 몰래 진창을 넘다.

풀이

남 모르게 어떤 행동을 하는 것을 비유한다.[기원전 206년, 항우(項羽)는 유방(劉邦)을 한왕(漢王)에 봉했다. 유방은 도읍인 남정(南鄭)에 도착한 이후, 길을 우회해서 진창(陳倉, 섬서성에 있던 옛 현 이름)을 지나, 함양(咸陽)을 공격하여 함락시켰다.]

출전 : 《史記·高祖本紀》, "漢王用韓信之計, 從故道還, 襲雍王章邯。邯迎擊漢陳倉, 雍兵敗, 還走。止戰好時, 又復敗, 走廢丘。漢王遂定雍地, 東至咸陽。"

번역 : 《사기·고조본기》, "한왕 유방이 한신의 계책을 써서 옛길을 따라 되돌아와 옹왕(雍王)인 장함(章邯)을 습격하였다. 장함이 진창에서 한군을 맞아 싸웠으나 옹왕의 군사는 패하여 달아났다. 호치(好時)에서 멈추어 싸웠으나 다시 패하여 폐구(廢丘)로 달아났다. 유방은 마침내 옹왕의 땅을 평정하고 동쪽으로 함양에 이르렀다."

八斗才 bā dǒu cái

팔두재 : 여덟 말의 재주

 **풀이**

뛰어난 재주를 비유하는 말이다.

출전 : 宋 無名氏,《釋常談》, "謝靈運嘗云, 天下才有一石, 曹子建 獨占八斗, 我得一斗, 天下共分一斗。"

번역 : 송 무명씨,《석상담》, "사령운이 일찍이 말하기를, '천하에 재주가 한 섬이 있는데, 조자건[자건(子建)은 위(魏)나라 조식(曹植)의 자(字)이다.]이 혼자 여덟 말을 차지했고, 내가 한 말을 가졌고, 천하 사람들이 (나머지) 한 말을 함께 나누어 가졌다.'라고 하였다."

八仙 bāxiān

팔선 : 여덟 신선

 **풀이**

고대 전설에 나오는 도교(道敎)의 여덟 신선으로, 시문(詩文)의

제재나 그림의 주제로 많이 등장하였다. 그 이름은 한종리(漢鐘離), 장과로(張果老), 여동빈(呂洞賓), 이철괴(李鐵拐), 한상자(韓湘子), 조국구(曹國舅), 남채화(藍采和), 하선고(何仙姑)이다.

八仙过海(八仙過海)　bāxiān guò hǎi

팔선과해 : 여덟 신선이 바다를 건너다.

풀이

저마다 각자의 능력을 발휘하여 서로 경쟁함을 비유한다.

출전 : 諺語, "八仙過海, 各顯神通。"

번역 : 속담, "여덟 신선이 바다를 건너는데 각자 신통함을 드러낸다."

白璧微瑕　bái bì wēi xiá

백벽미하 : 흰 옥의 작은 티

풀이

훌륭한 사람이나 좋은 물건에 작은 허물이 있는 것을 비유하는 말이다.

출전 : 南朝 梁 蕭統, 〈陶淵明集序〉, "白璧微瑕, 惟在閑情一賦。"

번역 : 남조 양 소통, 〈도연명집서〉, "(도연명의 작품 가운데) 흰 옥의 작은 티는 다만 〈한정부〉 하나에 있다."

白驹过隙(白駒過隙)　bái jū guò xì

백구과극 : 흰 말이 틈새를 지나가다.

 풀이

풀이 : 시간이 아주 빨리 지나가는 것을 비유한다.

출전 :《莊子・知北遊》, "人生天地之間, 若白駒之過隙, 忽然而已。"

번역 :《장자・지북유》, "사람이 천지간에 사는 것은, 마치 흰 말이 틈새를 지나가는 것과 같이 잠깐일 뿐이다."

白眉　báiméi

백미 : 흰 눈썹

 풀이

뛰어난 중에서도 제일 뛰어난 사람이나 사물을 비유하는 말이다.[촉(蜀)나라에 마(馬)씨 성을 가진 다섯 형제가 있었는데 모두 출중한 인물이었다. 그들은 모두 '상(常)' 자가 들어 있는 자(字)를 써서 '오상(五常)'이라고 하였다. 그 중에서도 맏이인 마량(馬良)이 가장 훌륭하였는데, 눈썹이 희어 '백미'라는 별명이 있었다.]

출전 :《三國志・蜀書・馬良傳》, "馬氏五常, 白眉最良。良眉中有白毛, 故以稱之。"

번역 :《삼국지・촉서・마량전》, "마씨 다섯 형제 가운데, 백미가 가장 뛰어났다. 마량이 눈썹 가운데 흰 털이 있었기 때문에 그를 (백미라고) 일컬었다."

白眼　báiyǎn

백안 : 흰 눈, 흘겨보는 눈

풀이

업신여기거나 냉대하여 흘겨보는 것을 비유하는 말이다.[반갑게
맞이하는 것은 '청안(靑眼)'이라고 한다.]

출전 :《晉書·阮籍傳》, "籍又能爲靑白眼。見禮俗之士, 以白眼對
之。及嵇喜來弔, 籍作白眼, 喜不懌而退。喜弟康聞之, 乃
齎酒挾琴造焉, 籍大悅, 乃見靑眼。"

번역 :《진서·완적전》, "완적은 또 청안과 백안을 할 수 있었다. 예속
을 따지는 사람을 만나면 백안으로 대했다. 혜희가 와서 (모친
상에) 조문을 하는데 완적이 '백안'을 하자 혜희는 불쾌해 하면
서 물러갔다. 혜희의 동생 혜강이 이 말을 들은 뒤, 술을 들고 거
문고를 끼고 찾아가자 완적은 크게 기뻐하며 '청안'을 보였다."

白衣苍狗(白衣蒼狗)　bái yī cāng gǒu

백의창구 : 흰 옷과 푸른 개

풀이

변화무쌍한 세상사를 비유하는 말이다. '백운창구(白云蒼狗)'라
고도 한다.

출전 : 唐 杜甫, 〈可嘆〉, "天上浮雲似白衣, 斯須改變如蒼狗。"

번역 : 당 두보, 〈가탄〉, "하늘에 떠 있는 구름이 흰 옷 같더니, 금세 바뀌어 푸른 개 모양 같아졌다."

百步穿杨(百步穿楊)　bǎi bù chuān yǎng

백보천양 : 백 보 밖에서 버드나무 잎을 꿰뚫다.

풀이

풀이 : 활 솜씨가 뛰어난 것을 형용한다.

출전 : 《戰國策·西周策》, "楚有養由基者, 善射。去柳葉者百步, 而射之, 百發百中。"

번역 : 《전국책·서주책》, "초나라에 양유기라는 사람이 있었는데, 활 쏘기를 잘하였다. 버드나무 잎에서 떨어진 거리가 백 보나 되어도 그것을 쏘면 백발백중하였다."

百年树人(百年樹人) ☞ 十年树木, 百年树人
bǎi nián shù rén ☞ shí nián shù mù, bǎi nián shù rén

백년수인 ☞ 십년수목, 백년수인

百闻不如一见(百聞不如一見)
bǎi wén bù rú yī jiàn

백문불여일견 : 백 번 듣는 것보다 한 번 보는 것이 낫다.

풀이

직접 보는 것이 남의 말을 듣는 것보다 훨씬 믿을 만함을 비유
한다.

출전 : 《漢書·趙充國傳》, "百聞不如一見。兵難隃度, 臣願馳至金
城, 圖上方略。"

번역 : 《한서·조충국전》, "백 번 듣는 것보다 한 번 보는 것이 낫습니
다. 군대의 일은 멀리서 헤아리기 어려우니, 제가 금성으로 달려
가서 계책을 올리고자 합니다."

百足之虫, 死而不僵(百足之蟲, 死而不僵)　bǎi zú zhī chóng, sǐ ér bù jiāng

백족지충, 사이불강 : 다리가 백 개인 벌레는 죽어도
뻣뻣해지지 않는다.

풀이

실패한 뒤에도 그 세력이나 영향이 여전함을 비유한다. 노래기가
몸이 잘린 뒤에도 여전히 꿈틀거리는 데에서 나온 말이다.

출전 : 《本草綱目·馬陸》, "此蟲甚多, 寸寸斷之, 亦便寸行。故魯
連子云, 百足之蟲, 死而不僵。"

번역 : 《본초강목·마륙》, "이 벌레는 아주 많은데, 마디마디를 잘라도
또한 그 마디가 움직인다. 그래서 《노련자》에서 이르기를, '다리
가 백 개인 벌레는 죽어도 뻣뻣해지지 않는다.' 라고 하였다."

班门弄斧(班門弄斧)　Bān mén nòng fǔ

반문농부 : 반수(班輸)의 문 앞에서 도끼를 놀리다.

풀이

대가의 앞에서 아는 체하는 것을 일컫는다. 대개 자신에 대한 겸사로 쓰인다.[반수는 춘추 시대 노나라의 뛰어난 기술자로, 노반(魯班)이라고도 하였다.]

출전 : 明 梅之煥, 〈題李白墓詩〉, "采石江邊一堆土, 李白之名高千古。來來往往一首詩, 魯班門前弄大斧。"

번역 : 명 매지환, 〈제이백묘시〉, "채석강 가의 한 무더기 흙, 이태백의 이름은 천고에 드높다. 오고가는 사람마다 한 수씩 써 놓은 시, 노나라 반수의 문 앞에서 큰 도끼를 놀렸구나."

板荡(板蕩)　bǎndàng

판탕 : (《시경(詩經)》의) 〈판(板)〉편과 〈탕(蕩)〉편

풀이

정국이 혼란하고 사회가 불안한 것을 비유한다.[《시경·대아(大雅)》에 〈판〉과 〈탕〉이란 시가 있는데, 주(周)나라 여왕(厲王)과 은(殷)나라 주왕(紂王)이 무도하여 정치가 어지럽고 백성들이 고생하는 것을 풍자한 시들이다.]

半途而废(半途而廢) bàntú ér fèi

반도이폐 : 중간에 가서 그만두다.

풀이

일을 시작하고서 마무리짓지 못하는 것을 비유한다. '반도이폐(半塗而廢)'로도 쓴다.

출전 : 《禮記·中庸》, "君子遵道而行, 半途而廢, 吾弗能已矣。"

번역 : 《예기·중용》, "군자가 도를 따라 가다가 중간에 가서 그만두는데, 나는 그만둘 수 없다."

抱佛脚 bào fójiǎo

포불각 : 부처의 다리를 안다.

풀이

사전에 준비하지 않고 있다가 일을 당한 뒤에 대응하는 것을 비유한다.

출전 : 唐 孟郊, 〈讀經〉, "垂老抱佛脚, 敎妻讀黃經。"

번역 : 당 맹교, 〈독경〉, "노년에 가까워 부처의 다리를 안고서, 아내에게 불경을 읽게 한다."['황경(黃經)'은 불경(佛經)으로, '금경(金經)'이라고도 한다.]

抱薪救火　bào xīn jiù huǒ

포신구화 : 땔나무를 안고 불을 끄다.

풀이

잘못된 방법으로 재난에 대처하는 것을 비유한다.

출전 :《戰國策·魏策》, "以地事秦, 譬猶抱薪而救火也。 薪不盡, 則火不滅。"

번역 :《전국책·위책》, "땅을 가지고 진(秦)나라를 섬기는 것은, 비유하자면 땔나무를 안고 불을 끄는 것과 같습니다. 땔나무가 다하지 않으면 불은 꺼지지 않습니다."

杯弓蛇影　bēi gōng shé yǐng

배궁사영 : 잔 속에, 활이 뱀처럼 그림자지다.

풀이

근거 없는 의심으로 놀라거나 당황하는 것을 비유한다.

출전 : 漢 應劭,《風俗通·怪神》, "郴爲汲令, 以夏至日, 見主簿杜宣, 因賜酒。 時北壁上, 有懸赤弩, 照於杯, 形如蛇。 宣畏惡之, 然不敢不飲。 其日便得胸腹痛切, 妨損飲食, 大用羸露。 攻治萬端, 不爲愈。 後郴因事, 過至宣家。 闚視問其變故, 云畏此蛇, 蛇入腹中。 郴還廳事, 思惟良久, 顧見懸弩。 曰必是也, 則使門下史, 將鈴下侍。 徐扶輦, 載宣於故

處設酒，盃中故復有蛇。因謂宣，此壁上弩影耳，非有他怪。宣遂解，甚夷懌，由是瘳平。"

번역 : 한 응소, 《풍속통·괴신》, "응침(應郴)이 급현(汲縣)의 현령일 때, 하짓날에 주부(主簿)인 두선(杜宣)을 만나 술을 내려주었다. 당시 북쪽 벽에 붉은 색의 활이 걸려 있었는데, 술잔에 비쳐 모양이 뱀과 같았다. 두선이 두렵고 싫었지만 감히 마시지 않을 수 없었다. 그 날 바로 가슴과 배가 심히 아프게 되어, 먹고 마시는 데에 지장이 생겼고 이 때문에 매우 수척해졌다. 백방으로 치료를 해도 낫지 않았다. 뒤에 응침이 일 때문에 두선의 집에 들렀다. 들여다보고 그 변고를 물으니, 이 뱀을 두려워했었는데 뱀이 뱃속으로 들어왔다고 하였다. 응침이 청사로 돌아와 오래도록 생각하다가, 돌아보는데 매달린 활이 보였다. (응침이) 말하기를, '반드시 이것일 것이다.' 라고 하고는 곧 문하의 속관을 시켜 군졸들을 인솔하여 데려오도록 하였다. 천천히 수레에 태워 두선을 옛날의 자리에 두고 술자리를 마련하자, 잔 속에 예전대로 다시 뱀이 나타났다. 두선에게, '이것은 벽에 있는 활의 그림자일 뿐이지, 다른 이상한 것이 있는 것이 아니다.' 라고 하였다. 두선이 마침내 깨닫고는 매우 기뻐하였고 이로 인해 병이 나았다."

杯盘狼藉(杯盤狼藉)　bēi pán lángjí

배반낭자 : 술잔과 쟁반이 어수선하다.

풀이

연회가 끝날 때의 어지러운 정경을 형용한다. '배반낭자(杯盘狼籍)' 로도 쓴다.

출전 :《史記 · 滑稽列傳》, "日暮酒闌, 合尊促坐, 男女同席, 履舃
交錯, 杯盤狼藉。"

번역 :《사기 · 골계열전》, "해가 지고 술자리가 끝났는데 (남은) 술
통을 모아 놓고 다가앉으니, 남녀는 자리를 같이하고 신발은
뒤섞이며, 술잔과 쟁반이 어수선합니다."

杯水车薪(杯水車薪)　bēi shuǐ chē xīn

배수거신 : 한 잔의 물에 한 수레의 땔나무

풀이

역량이 모자라 일을 이룰 수 없음을 비유하는 말이다.

출전 :《孟子 · 告子上》, "今之爲仁者, 猶以一杯水, 救一車薪之火也。"

번역 :《맹자 · 고자상》, "지금 인을 행하는 자들은 한 잔의 물로 한 수
레의 땔나무에 붙은 불을 끄는 것과 같다."

杯中物　bēizhōngwù

배중물 : 잔 속의 물건

풀이

술을 가리키는 말이다.

출전 : 晋 陶淵明, 〈責子〉, "天運苟如此, 且進杯中物。"

번역 : 진 도연명, 〈책자〉, "타고난 운이 진실로 이와 같으니, 그저 술이
나 마시리라."

背城借一　bèi chéng jiè yī

배성차일 : 성을 등지고 일전(一戰)을 빌리다.

모든 것을 걸고 적과 최후의 결전을 벌이는 것을 비유한다. '배성일전(背城一战)'이라고도 한다.

출전 :《左傳·成公二年》, "請收合餘燼, 背城借一。"

번역 :《좌전·성공 2년》, "청컨대 남은 역량을 모두 모아, 성을 등지고 일전을 치르겠습니다."

背井离乡(背井離鄉)　bèi jǐng lí xiāng

배정리향 : 우물을 등지고 고향을 떠나다.

고향을 떠나 외지에서 떠도는 것을 가리킨다.

출전 : 元 馬致遠,《漢宮秋》第三折, "背井離鄉, 臥雪眠霜。"

번역 : 원 마치원,《한궁추》제 3절, "우물을 등지고 고향을 떠나, 눈 속에 눕고 서리 속에서 잔다."

背水阵(背水陣)　bèishuǐzhèn

배수진 : 물을 등지고 진을 치다.

죽음을 각오하고 일전(一戰)을 준비하는 것을 말한다. 후에는 죽을 고비에서 살길을 얻게 됨을 비유하는 말로도 쓰인다.[한신(韓信)이 조(趙)나라를 칠 때, 강을 등지고 진을 쳐 크게 이긴 데서 비롯된 고사이다.]

출전 : 《史記·淮陰侯列傳》, "信乃使萬人先行, 出, 背水陳。趙軍望見而大笑。"

번역 : 《사기·회음후열전》, "한신이 이에 만 명을 앞서게 하고, 나가서 물을 등지고 진을 쳤다. 조나라 군사들이 멀리서 보고 크게 웃었다."

悖入悖出　bèi rù bèi chū

패입패출 : 도리에 맞지 않게 들어오면, 도리에 맞지 않게 나간다.

정당하지 못하게 얻은 재물은 함부로 써지거나 잘못 써짐을 비유한다.

출전 : 《禮記·大學》, "貨悖而入者, 亦悖而出。"

번역 : 《예기·대학》, "재물이 도리에 어긋나게 들어온 것은 역시 도리에 어긋나게 나간다."

彼岸　bǐ'àn

피안 : 저쪽 언덕

풀이

생사의 경계를 넘어선 경지, 즉 열반의 경지를 일컫는 불가어이다.

출전 : 《大智度論》, "以生死爲此岸, 涅槃爲彼岸。"

번역 : 《대지도론》, "생사가 있는 경지를 '차안'이라 하고, 열반의 경지를 '피안'이라 한다."

匕鬯不惊(匕鬯不驚)　bǐ chàng bù jīng

비창불경 : 숟가락과 울창주를 들고 놀라지 않는다.

풀이

군대의 기강이 엄하여 백성들에게 피해를 끼치지 않는 것을 비유한다. 원래는 종묘의 제사에서 놀라거나 당황하지 않음을 가리키는 말이었다.[숟가락과 울창주는 모두 고대의 제사 용품이다.]

출전 : 《周易·震卦》, "震驚百里, 不喪匕鬯。"

번역 : 《주역·진괘》, "천둥이 백리까지 놀라게 하여도, 숟가락과 울창주를 놓치지 않는다."

避坑落井　bì kēng luò jǐng

피갱락정 : 구덩이를 피했다가 우물에 떨어지다.

풀이

위험에서 벗어났다가 더 큰 위험에 빠지는 것을 비유한다.

출전 :《晋書·褚裒傳》, "今宜共勠力以備賊, 幸無外難, 而內自相擊, 是避坑落井也。"

번역 :《진서·저삽전》, "지금 마땅히 함께 힘을 합하여 적을 대비해야 하는데, 다행히 외환은 없지만 안으로 서로 싸우니, 이는 구덩이를 피했다가 우물에 떨어지는 격입니다."

比翼鸟(比翼鳥)　bǐyìniǎo

비익조 : 날개를 나란히 한 새

풀이

애정이 깊은 부부를 비유하는 말이다.[비익조는 전설에 나오는 새로 암수가 나란히 함께 하지 않으면 날 수가 없다고 한다.]

출전 :《爾雅·釋地》, "南方有比翼鳥焉, 不比不飛。其名謂之鶼鶼。"

번역 :《이아·석지》, "남방에 비익조가 있는데, 나란히 하지 않으면 날지 못한다. 그 이름을 '겸겸'이라고 한다."

彼一时，此一时(彼一時，此一時)
bǐ yī shí, cǐ yī shí

피일시, 차일시 : 그 때는 그 때이고, 지금은 지금이다.

풀이

상황이 변했음을 비유하는 말이다.

출전 : 《孟子·公孫丑下》, "彼一時, 此一時。五百年必有王者興, 其間必有名世者。"

번역 : 《맹자·공손추하》, "그 때는 그 때이고, 지금은 지금이다. 500년이면 반드시 왕천하할 자가 일어나는 것이니, 그 사이에 반드시 세상에 이름을 드러낼 자가 있을 것이다."

筚路蓝缕(篳路藍縷)　bì lù lán lǚ

필로람루 : 섶나무 수레와 누더기 옷

풀이

창업의 어려움을 가리키는 말이다.

출전 : 《左傳·宣公十二年》, "篳路藍縷, 以啓山林。"

번역 : 《좌전·선공 12년》, "섶나무 수레를 끌고, 누더기를 걸친 채 산림을 개척하였다."

벽혈 : 푸른 옥이 된 피

 **풀이**

올바른 일을 하다가 희생되는 것을 비유하는 말이다.

출전 : 《莊子·外物》, "萇弘死于蜀。藏其血三年而化爲碧。"

번역 : 《장자·외물》, "장홍이 촉에서 죽었다. 그 피를 보관한 지 삼년
이 되자 푸른 옥으로 바뀌었다."

비육부생 : 허벅지 살이 다시 쪘다.

 **풀이**

편안히 지내면서 이룬 것이 없음을 탄식하는 말이다. '비육지탄
(髀肉之叹)', 또는 '비리육생(髀里肉生)'이라고도 한다.

출전 : 《三國志·蜀書·先主傳》 裴松之 注, "備住荊州數年。嘗於
表坐起至廁, 見髀裏肉生, 慨然流涕。還坐, 表怪問備, 備曰,
吾常身不離鞍, 髀肉皆消, 今不復騎, 髀裏肉生。日月若馳,
老將至矣, 而功業不建, 是以悲耳。"

번역 : 《삼국지·촉서·선주전》 배송지 주, "유비가 형주에 머문 지 여
러 해가 되었다. 일찍이 유표(劉表)와 함께 있다가 일어나 변소
에 갔는데 허벅지에 살이 찐 것을 보고 개탄하면서 눈물을 흘렸

다. 자리로 돌아왔을 때 유표가 이상히 여겨 유비에게 묻자 유
비가, '저는 항상 몸이 말 안장에서 떠나지 않아 허벅지 살이
모두 빠졌었는데, 요즈음 다시는 말을 타지 않아 허벅지에 살이
쪘습니다. 세월은 말달리듯 빠르고 늙음이 곧 닥치는데, 공을
이루지 못했으니 이 때문에 슬플 따름입니다.' 라고 하였다."

鞭長莫及(鞭長莫及)　biān cháng mò jí

편장막급 : 채찍이 길더라도 미치지 못한다.

풀이

역량이 미치지 못함을 가리키는 말이다. 원래는 비록 채찍이 길더
라도 말의 배를 때리면 안 된다는 말이었다.

출전 : 《左傳·宣公十五年》, "雖鞭之長, 不及馬腹。"

번역 : 《좌전·선공 15년》, "비록 채찍이 길더라도, 말의 배를 때리면
안 된다."

別有天地　bié yǒu tiāndì

별유천지 : 별도로 다른 세상이 있다.

풀이

풍경이나 예술 작품의 경지가 뛰어남을 형용한다. 원래 이 말은
인간 세상과는 다른 세상이 있음을 형용하는 말이었다.

출전 : 唐 李白, 〈山中問答〉, "問余何事棲碧山, 笑而不答心自閑。

도화류수묘연거　별유천지비인간
桃花流水窅然去, 別有天地非人間。"

번역 : 당 이백, 〈산중문답〉, "나에게 무슨 일로 푸른 산에서 사느냐 묻
는데, 웃으면서 대답하지 않지만 마음은 절로 한가하다. 복숭아
꽃이 물길 따라 아득히 떠가는데, 별도로 다른 세상이 있으니 인
간 세상이 아니로다."

宾东(賓東)　bīndōng

빈동 : 손님의 동쪽

풀이

옛날에 주인의 자리는 동쪽에 있었고, 손님의 자리는 서쪽에 있었
다. 이런 까닭으로 주인의 자리, 나아가서 주인을 가리키는 말로
쓰이게 되었다.[작동(作东) zuòdōng 참조)]

출전 :《儀禮·鄕飮酒禮》, "主人降席, 立于賓東。"

번역 :《의례·향음주례》, "주인은 자리에서 내려와 손님의 동쪽에
선다."

宾至如归(賓至如歸)　bīn zhì rú guī

빈지여귀 : 손님이 왔는데 자기 집에 돌아온 것처럼 느끼다.

풀이

여관이나 음식점에서 손님에 대한 접대가 주도면밀함을 형용한다.

출전 :《左傳·襄公三十一年》, "賓至如歸, 無寧菑患。"

 :《좌전·양공 31년》, "손님이 오면 자기 집에 돌아온 것처럼 느끼니, 어찌 재난이나 근심이 있었겠습니까?"

兵不血刃　bīng bù xuè rèn

병불혈인 : 칼의 날에 피를 묻히지 않다.

풀이

싸우지 않고 승리하는 것을 비유한다.

출전 :《荀子·議兵》, "故近者親其善, 遠方慕其義, 兵不血刃, 遠邇來服。"

번역 :《순자·의병》, "그러므로 가까이에 있는 이들은 그의 선함을 친애하고 먼 곳에서는 그의 의리를 흠모하여, 칼의 날에 피를 묻히지 않고도 원근에서 모두 와서 복종한다."

兵不厌诈(兵不厭詐)　bīng bù yàn zhà

병불염사 : 전쟁에서는 속임수를 꺼리지 않는다.

풀이

군대를 동원하여 싸울 때에는 상대를 속여 승리를 취할 수도 있음을 가리킨다.

출전 :《韓非子·難一》, "戰陣之間, 不厭詐偽。"

번역 :《한비자·난일》, "전쟁터에서는 속임수를 꺼리지 않습니다."

兵贵神速(兵貴神速) bīng guì shén sù

병귀신속 : 전쟁에서는 신속함을 귀하게 여긴다.

 풀이

군대를 움직일 때에는 신속함이 승리의 관건임을 가리킨다.

[출전] :《三國志·魏書·郭嘉傳》, "兵貴神速。今千里襲人, 輜重多, 難以趣利。且彼聞之, 必爲備, 不如留輜重, 輕兵兼道以出, 掩其不意。"

[번역] :《삼국지·위서·곽가전》, "군대는 신속함을 귀하게 여깁니다. 지금 천리 밖에서 상대를 치는데, 짐이 많으면 예리함을 취하기 어렵습니다. 또 저들이 소식을 들으면 반드시 대비를 할 것이니, 짐을 남겨두고 가벼운 군사로 길을 재촉해 떠나, 그들이 생각지 못한 때를 치는 것이 좋습니다."

冰清玉洁(氷淸玉潔) bīng qīng yù jié

빙청옥결 : 얼음처럼 맑고 옥처럼 깨끗하다.

 풀이

고결한 덕성을 비유한다. '옥결빙청(玉洁冰淸)'이라고도 한다.

[출전] : 三國 魏 曹植, 〈光祿大夫荀侯誄〉, "如冰之淸, 如玉之潔, 法而不威, 和而不褻。"

[번역] : 삼국 위 조식, 〈광록대부순후뢰〉, "맑은 얼음과 같고 깨끗한 옥과 같으며, 법도가 있되 매섭지 않고 온화하되 함부로 할 수 없다."

冰人(氷人)　bīngrén

빙인 : 얼음 사람

 풀이

중매쟁이를 일컫는 말이다.

출전 :《晉書·索紞傳》, “孝廉令狐策夢立冰上, 與冰下人語。紞曰,
氷上爲陽, 氷下爲陰, 陰陽事也。士如歸妻, 迨冰未泮, 婚姻
事也。君在氷上與氷下人語, 爲陽語陰, 媒介事也。君當爲
人作媒, 氷泮而婚成。”

번역 :《진서·색담전》, “효렴인 영호책이, 얼음 위에 서서 얼음 아래의
사람과 말을 하는 꿈을 꾸었다. 색담이 해몽하기를, ‘얼음 위는
양이고 얼음 아래는 음이니 음양의 일입니다. 선비가 아내를 맞
이한다면, 얼음이 아직 녹지 않았을 때에 미쳐 할 것이니 혼인의
일입니다. 그대가 얼음 위에서 얼음 아래의 사람과 말을 하였으
니, 양이 음에게 말한 것으로 중매의 일입니다. 그대는 다른 사
람을 위하여 중매인이 될 것이며, 얼음이 녹으면서 혼사가 이루
어질 것입니다.’ 라고 하였다.”

冰炭(氷炭)　bīngtàn

빙탄 : 얼음과 숯불

 풀이

성질이 상반되어 조화되지 않는 것을 비유하는 말이다.

출전 :《韓非子·顯學》, "水炭不同器而久, 寒暑不兼時而至。"

번역 :《한비자·현학》, "얼음과 숯불은 그릇을 함께한 채 오래 있을 수 없고, 추위와 더위는 때를 같이하여 이를 수 없다."

病入膏肓 bìng rù gāo huāng

병입고황 : 병이 고황에 들다.

풀이

일이 심각해져 돌이킬 수 없는 지경에 이르렀음을 비유한다. 원래는 병이 손쓸 수 없는 지경에 이르렀다는 말이다. [중국 고대 의술에서 심장 끝의 지방(脂肪)을 '고(膏)' 라 하고 심장과 횡격막의 사이를 '황(肓)' 이라고 하였는데, 약의 힘이 도달하지 못하는 곳으로 여겼다.]

출전 :《左傳·成公十年》, "醫至曰, 疾不可爲也。在肓之上, 膏之下, 攻之不可, 達之不及。藥不至焉, 不可爲也。"

번역 :《좌전·성공 10년》, "의원이 도착하여 말하기를, '병은 고칠 수 없습니다. 황의 위, 고의 아래에 있어 다룰 수도 없고, 이를 수도 없습니다. 약도 거기에는 이르지 못하니 고칠 수가 없습니다.' 라고 하였다."

拔乱反正(撥亂反正) bō luàn fǎn zhèng

발란반정 : 어지러움을 다스려 정상으로 돌아가게 하다.

 풀이

혼란한 국면을 바로잡는 것을 일컫는다.

출전 :《公羊傳·哀公十四年》, “撥亂世, 反諸正, 莫近諸春秋。”

번역 :《공양전·애공 14년》, “난세를 다스려 정상으로 돌아가게 하는
것은 《춘추》만한 것이 없다.”

拔苗助长(拔苗助長) ☞ 揠苗助长
bá miáo zhù zhǎng ☞ yà miáo zhù zhǎng

발묘조장 ☞ 알묘조장

博闻强识(博聞彊識) bó wén qiáng zhì

박문강지 : 넓은 견문과 좋은 기억력

풀이

견문이 넓고 기억력이 좋은 것을 비유하는 말이다. ‘박문강기(博
闻强记)’라고도 한다.

출전 :《禮記·曲禮上》, “博聞彊識而讓, 敦善行而不怠, 謂之君子。”

번역 :《예기·곡례상》, “견문이 넓고 기억력이 좋으면서도 겸양하고,
선행을 독실히 하면서 게으르지 않는 것을 군자라고 한다.”

跛鳖千里(跛鼈千里)　bǒ biē qiān lǐ

파별천리 : 절름발이 자라가 천리를 가다.

 풀이

여건이 좋지 않아도 꾸준히 노력하면 성공할 수 있음을 비유한다.

출전 :《荀子·修身》, “頣步而不休, 跛鼈千里。”

번역 :《순자·수신》, “반걸음씩이라도 쉬지 않으면, 절름발이 자라도 천리를 간다.”

不耻下问(不恥下問)　bù chǐ xià wèn

불치하문 : 아랫사람에게 묻는 것을 부끄러워하지 않다.

 풀이

체면에 구애되지 않고 자기보다 나이가 적거나 지위가 낮은 사람에게도 묻는 자세이다.

출전 :《論語·公冶長》, “敏而好學, 不恥下問。”

번역 :《논어·공야장》, “총명하면서도 배우기를 좋아하였고, 아랫사람에게 묻기를 부끄러워하지 않았다.”

不二法门(不二法門)　bù èr fǎmén

불이법문 : 둘이 아닌 도의 문

양 극단을 벗어나 차별이 없는 지극한 도를 일컫는다. 후에는 단 하나뿐인 길을 비유하는 말로 쓰이게 되었다.[‘불이(不二)’는 양 극단이 아님을 가리키고, ‘법문(法門)’은 행실을 닦아 도에 들어가는 문이다.]

출전 :《維摩經·入不二法門品》, “文殊曰, 善哉善哉! 無有文字語言, 是眞不二法門也。”

번역 :《유마경·입불이법문품》, “문수보살이 말하기를, ‘훌륭하고 훌륭하다! 문자와 언어가 없는 것이 진정한 불이법문이로다.’ 라고 하였다.”

不惑 bùhuò

불혹 : 미혹되지 않다.

사람이 사십 세가 되면 시비를 밝게 분별하여 미혹에 빠지지 않게 됨을 가리킨다. 후에는 사람의 나이 사십 세를 가리키는 말로 쓰이게 되었다.

출전 :《論語·爲政》, “四十而不惑。”

번역 :《논어·위정》, “나이 사십이 되어서는 미혹되지 않았다.”

不可思议(不可思議) bù kě sī yì

불가사의 : 생각하거나 따져 볼 수 없다.

풀이

'생각이나 언어로 도달할 수 없는 오묘한 경지'를 가리키는 불가어(佛家語)이다. 후에는 상상할 수 없거나 이해할 수 없는 것을 형용하는 말로 쓰이게 되었다.

출전 : 《維摩經·不思議品》, "諸佛菩薩有解脫, 名不可思議。"

번역 : 《유마경·불사의품》, "여러 부처님과 보살들이 해탈을 얻게 되었는데, 이를 일컬어 '불가사의'라고 합니다."

不愧屋漏 bù kuì wū lòu

불괴옥루 : 방의 구석에도 부끄럽지 않다.

풀이

혼자 있을 때에도 나쁜 짓이나 나쁜 생각을 하지 않는 떳떳함을 비유한다.

출전 : 《詩經·大雅·抑》, "相在爾室, 尙不愧于屋漏。"

번역 : 《시경·대아·억》, "너의 방에 있을 때를 보아도, 오히려 방의 구석에 대해서도 부끄럽지 않게 하라."

不求甚解(不求甚解)　bù qiú shèn jiě

불구심해 : 지나친 풀이를 추구하지 않다.

풀이

원래는 독서란 요점과 본질을 깨달으면 되지 자구(字句)에 얽매이지 않아야 한다는 뜻이었는데, 지금은 주로 대강만 알려고 하고 깊은 이해를 추구하지 않는 태도를 비판하는 말로 쓰인다.

출전 : 晉 陶淵明, 〈五柳先生傳〉, “好讀書, 不求甚解。每有會意, 便欣然忘食。”

번역 : 진 도연명, 〈오류선생전〉, “책 읽기를 좋아했지만 지나친 풀이를 추구하지 않았다. 매번 뜻을 깨달음이 있을 때마다 곧 기뻐서 밥 먹는 것도 잊었다.”

不亦乐乎(不亦樂乎)　bù yì lè hū

불역락호 : 또한 즐겁지 않겠는가!

풀이

원래 이 말은 즐거운 일이라는 뜻이었는데, 지금은 최고점에 다다랐다는 뜻으로 쓰인다.

출전 : 《論語·學而》, “有朋, 自遠方來, 不亦樂乎!”

번역 : 《논어·학이》, “벗이 먼 곳으로부터 찾아오면, 또한 즐겁지 않겠는가!”

不贊一词(不贊一詞)　bù zàn yī cí

불찬일사 : 한 마디도 보태지 못하다.

풀이

문장이 훌륭하여 다른 사람이 손댈 수 없음을 비유한다. 후에는
한 마디도 말하지 않는 것을 비유하는 말로도 쓰인다.

출전 :《史記 · 孔子世家》, "至於爲春秋, 筆則筆, 削則削, 子夏之
徒, 不能贊一辭。"

번역 :《사기 · 공자세가》, "《춘추》를 짓게 되어서는, 쓸 것은 쓰고 깎을
것은 깎아, 자하 등이 한 마디도 보탤 수 없었다."

步武　bùwǔ

보무 : 보와 무['보(步)'는 6척(尺), '무(武)'는 3척의 거
리이다.]

풀이

짧은 거리를 비유하는 말이다. 걸음걸이를 의미하기도 한다.

출전 :《國語 · 周語下》, "夫目之察度也, 不過步武尺寸之間。"

번역 :《국어 · 주어하》, "무릇 눈이 살펴 헤아리는 것은, 보나 무, 척이
나 촌의 거리에 불과하다."

沧海桑田(滄海桑田)　cāng hǎi sāng tián

창해상전 : 큰 바다가 뽕나무 밭이 되다.

 **풀이**

세상사의 변화가 매우 심함을 비유한다.

출전 : 晉 葛洪,《神仙傳·王遠》, "麻姑自說, 接侍以來, 已見東海三爲桑田。"

번역 : 진 갈홍,《신선전·왕원》, "마고선녀가 스스로 말하기를, '만나서 모신 이래, 벌써 동해가 세 번이나 뽕나무 밭이 되는 것을 보았습니다.'라고 하였다."

沧海一粟(滄海一粟)　cāng hǎi yī sù

창해일속 : 큰 바다의 좁쌀 한 알

 **풀이**

아주 작은 것을 비유하는 말이다.

출전 : 宋 蘇軾,〈前赤壁賦〉, "寄蜉蝣於天地, 渺滄海之一粟。"

 : 송 소식, 〈전적벽부〉, "천지간에 하루살이같이 부쳐 있고, 큰 바다의 좁쌀 한 알처럼 작도다."

草木皆兵 cǎo mù jiē bīng

초목개병 : 풀과 나무가 모두 군사이다.

풀이

놀라서 아무 것이나 함부로 의심하는 것을 형용한다.[전진(前秦)의 부견(苻堅)이 군사를 이끌고 동진(東晉)을 공격하였다. 전투에서 패한 뒤 초목을 보고도 동진의 군사로 여겨 두려워하였다고 한다.]

출전 :《晉書·苻堅載記下》, "堅與苻融登城而望王師, 見部陣齊整, 將士精銳。又北望八公山上草木, 皆類人形。"

번역 :《진서·부견재기하》, "부견이 부융과 함께 성에 올라 왕의 군대를 보니, 부대와 군진이 정제되어 있고 장수와 사병들이 뛰어난 것이 보였다. 또 북쪽으로 멀리 팔공산 위의 초목들을 보니 모두 사람 모습 같았다."

曾经沧海(曾經滄海) céng jīng cāng hǎi

증경창해 : 일찍이 큰 바다를 경험하였다.

풀이

큰일을 겪음으로써 안목이 넓어졌음을 비유한다.

출전 : 唐 元稹, 〈離思〉, “曾經滄海難爲水, 除却巫山不是雲。”

번역 : 당 원진, 〈이사〉, “일찍이 큰 바다를 경험하여 보통 하천은 대수롭지 않고, 무산(의 구름)이 아니면 구름도 아니다.”

差之毫厘, 谬以千里(差之毫釐, 謬以千里)
chā zhī háo lí, miù yǐ qiān lǐ

차지호리, 류이천리 : 사소하게 차이 난 것이 천리로 어긋난다.

풀이

처음에는 별것 아닌 것도 나중에 큰 문제가 될 수 있음을 비유한다. ‘차지호리, 실지천리(差之毫厘, 失之千里)’ 라고도 한다.

출전 : 《漢書 · 司馬遷傳》, “易曰, ‘差以豪氂, 謬以千里。’”

번역 : 《한서 · 사마천전》, “《주역》에 이르기를, ‘사소하게 차이 난 것이 천리로 어긋난다.’ 라고 하였다.”[안사고(顔師古)는 《한서》의 주에서, 지금의 《주역》에는 이 말이 없으니 아마 역가(易家)의 다른 해설일 것이라고 하였다.]

长袖善舞(長袖善舞) cháng xiù shàn wǔ

장수선무 : 소매가 길면 춤을 잘 춘다.

풀이

의지하는 바가 있으면 일에서 성공하기가 쉬움을 비유한다. 후에

출전 :《韓非子 · 五蠹》, "長袖善舞, 多錢善賈。"

번역 :《한비자 · 오두》, "소매가 길면 춤을 잘 추고, 돈이 많으면 장사
를 잘 한다."

沉鱼落雁(沈魚落雁)　chén yú luò yàn

침어낙안 : 물고기를 숨게 하고, 기러기를 떨어지게 하다.

풀이

여자의 얼굴이 매우 아름다운 것을 비유한다. 원래 이 말은 사람들
이 아름답게 여기는 미인도 물고기나 새는 피한다는 뜻이었는데 뒤
에 의미가 변용되었다.

출전 :《莊子 · 齊物論》, "毛嬙, 麗姬, 人之所美也, 魚見之深入,
鳥見之高飛, 麋鹿見之決驟。"

번역 :《장자 · 제물론》, "모장, 여희는 사람들이 아름답다고 여기는 이
들이지만, 물고기가 그들을 보면 물속 깊이 들어가고, 새가 그들
을 보면 높이 날아오르고, 크고 작은 사슴이 그들을 보면 재빨리
도망친다."

陈陈相因(陳陳相因)　chénchén xiāng yīn

진진상인 : 묵은 채 계속 쌓이다.

 풀이

옛 틀을 답습하여 개선됨이 없음을 비유한다. 원래 이 말은 묵은 곡식이 해마다 쌓인다는 뜻이었다.

출전 :《史記·平准書》, "太倉之粟, 陳陳相因。"

번역 :《사기·평준서》, "큰 창고의 곡식이 묵은 채 계속 쌓인다."

陈世美(陳世美) Chén Shìměi

진세미 : 인명

풀이

지위가 높아진 뒤에 변심하는 남자를 비유한다. 희곡《찰미안(鍘美案)》에 나오는 인물로, 장원 급제하고 부마(駙馬)로 부름 받자 조강지처를 버렸다.

成也萧何, 败也萧何(成也蕭何, 敗也蕭何) chéng yě Xiāo Hé, bài yě Xiāo Hé

성야소하, 패야소하 : 성공도 소하 때문이고, 실패도 소하 때문이다.

풀이

일의 성공과 실패, 좋은 것과 나쁜 것이 모두 한 사람에게서 비롯되었음을 비유한다. '성야소하패소하(成也蕭何敗蕭何)'라고도 한다.

출전 : 宋 洪邁,《容齋續筆·蕭何紿韓信》, “信之爲大將軍, 實蕭何
所薦, 今其死也, 又出其謀。故俚語有成也蕭何, 敗也蕭何
之語。”

번역 : 송 홍매,《용재속필·소하태한신》, “한신(韓信)이 대장군이 된
것도 사실 소하(蕭何)가 추천한 것이고, 지금 한신이 죽게 된 것
도 또한 소하의 꾀에서 나왔다. 그러므로 속담에, ‘성공도 소하
때문이고, 실패도 소하 때문이다.’ 라는 말이 생겼다.”

乘风破浪(乘風破浪)　chéng fēng pò làng

승풍파랑 : 바람을 타고 물결을 헤쳐 나가다.

풀이

어려움을 두려워하지 않고 용감하게 나아가는 정신을 비유한다.
또한 사업이 급속도로 발전하는 것을 형용하기도 한다.

출전 :《宋書·宗愨傳》, “願乘長風, 破萬里浪。”

번역 :《송서·종각전》, “원컨대 장풍을 타고, 만 리의 물결을 헤쳐 나
가리라.”

程门立雪(程門立雪)　Chéng mén lì xuě

정문입설 : 정이(程頤)의 문에서, 눈 속에 서 있다.

풀이

공손하고 경건하게 스승으로부터 가르침을 받는 것을 형용한다.[송

대의 양시(楊時)가 대학자 정이를 찾아갔을 때의 일화이다.]

출전 :《宋史·楊時傳》, "時一日見頤, 頤偶瞑坐。時與遊酢, 侍立

不去。頤旣覺, 則門外雪深一尺矣。"

번역 :《송사·양시전》, "양시가 하루는 정이를 뵈러 갔는데, 정이는 마
침 눈을 감고 앉아 있었다. 양시는 유작과 함께 옆에 서서 기다
리며 떠나지 않았다. 정이가 눈을 떴을 때는 문 밖에 쌓인 눈이
한 척이나 되었다."

尺短寸长(尺短寸長) chǐ duǎn cùn cháng

척단촌장 : 한 자도 짧은 경우가 있고, 한 치도 긴 경우가
있다.

풀이

사람이나 사물이 각각 장단점이 있음을 비유한다. 상황이나 장소
에 따라 한 자도 짧아 보일 수 있고 한 치도 길어 보일 수 있다는
말이다.

출전 :《楚辭·卜居》, "尺有所短, 寸有所長。"

번역 :《초사·복거》, "한 자도 짧은 경우가 있고, 한 치도 긴 경우가
있다."

宠辱不惊(寵辱不驚) chǒng rǔ bù jīng

총욕불경 : 총애나 모욕에 놀라지 않다.

 **풀이**

총애를 받거나 모욕을 받거나 동요됨이 없음을 형용한다.

출전 :《新唐書·盧承慶傳》, "承慶典選, 校百官考, 有坐漕舟溺者。承慶以失所載, 考中下, 以示其人, 無慍也。更曰, 非力所及, 考中中, 亦不喜。承慶嘉之曰, 寵辱不驚, 考中上。"

번역 :《신당서·노승경전》, "노승경이 인사를 담당하여 백관을 조사하여 고과를 매기는데, 조운(漕運)하는 배가 침몰된 일에 연루된 자가 있었다. 승경이, 실었던 짐을 잃은 것으로 '중하(中下)'의 고과를 매기고 그 사람에게 보였으나 성내는 기색이 없었다. 다시 '인력으로 어쩔 수 없는 것이었다.'라고 말하고, '중중(中中)'의 고과를 매겼으나 역시 기뻐하지 않았다. 승경이 그것을 훌륭하게 여겨 '총애나 모욕에 놀라지 않는구나.'라고 하면서 '중상(中上)'의 고과를 매겼다."

出尔反尔(出爾反爾)　chū ěr fǎn ěr

출이반이 : 너에게서 나온 것은 너에게로 돌아간다.

풀이

말이나 행동이 앞뒤가 서로 모순되는 것을 비유한다. 원래는 자신이 어떻게 하는가에 따라 마땅한 결과를 얻는다는 말이었는데, 지금은 말을 하고 난 뒤 마음이 바뀌거나 그대로 행동하지 않음을 가리킨다.

출전 :《孟子·梁惠王下》, "曾子曰, 戒之戒之! 出乎爾者, 反乎爾
者也。"

번역 :《맹자·양혜왕하》, "증자가 말하기를, '조심하고 조심할지어다.
너에게서 나온 것은 너에게로 돌아간다.' 라고 하였다."

出类拔萃(出類拔萃)　chū lèi bá cuì

출류발췌 : 동류에서 벗어나고 무리에서 빼어나다.

풀이

같은 집단에서 가장 뛰어난 것을 형용한다. '출류발군(出类拔
群)', 또는 '출군발췌(出群拔萃)' 라고도 한다.

출전 :《孟子·公孫丑上》, "聖人之於民, 亦類也, 出于其類, 拔乎
其萃。"

번역 :《맹자·공손추상》, "성인은 일반 백성에 대해 역시 같은 부류이
지만, 그 부류에서 뛰어났고 그 무리에서 빼어났다."

吹毛求疵　chuī máo qiú cī

취모구자 : 터럭을 불어 허물을 찾다.

풀이

일부러 허물을 들추어내는 것을 비유한다.

번역 ：《한비자・대체》, "터럭을 불어 작은 허물을 찾지 않고, 때를 닦아 내어 알아보기 어려운 것을 살피지 않는다."

垂帘(垂簾)　chuílián

수렴 : 발을 드리우다.

풀이

황태후가 어린 황제를 도와 정사에 참여하는 것을 비유한다.

출전 ：《舊唐書・高宗紀下》, "自誅上官儀後, 上每視朝, 天后垂簾於御座後, 政事大小, 皆預聞之。內外稱爲二聖。"

번역 ：《구당서・고종기하》, "상관의를 죽인 후로부터, 황제[중종(中宗)]가 조회를 볼 때마다 측천무후(則天武后)가 어좌 뒤에서 발을 드리우고 정사가 작거나 크거나 모두 참여해서 들었다. 안팎에서 '두 명의 성상(聖上)'이라고 일컬었다."

春风得意(春風得意)　chūnfēng déyì

춘풍득의 : 봄바람에 득의양양하다.

풀이

관직에서 출세하거나 사업이 순조로울 때의 득의양양한 모습을 형용한다. 원래 진사 합격 후 득의한 심정을 말한 것인데, 후에는 진사급제를 일컫는 말로도 쓰였다.

출전 : 唐 孟郊, 〈登科後〉, "春風得意馬蹄疾, 一日看盡長安花。"

번역 : 당 맹교, 〈등과후〉, "봄바람에 득의양양하니 말발굽도 빨라, 하루 만에 장안의 꽃을 모두 보았구나."

春兰秋菊(春蘭秋菊) chūn lán qiū jú

춘란추국 : 봄의 난초와 가을의 국화

풀이

풀이 : 제 때를 만나 뛰어난 것을 비유하는 말이다.

출전 : 《楚辭·九歌·禮魂》, "春蘭兮秋菊, 長無絶兮終古。"

번역 : 《초사·구가·예혼》, "봄의 난초 필 때와 가을의 국화 필 때로, (제사는) 내내 끊어지지 않고 영원하리라."

唇亡齿寒(脣亡齒寒) ☞ 辅车相依 chún wáng chǐ hán ☞ fǔ chē xiāng yī

순망치한 ☞ 보거상의

此岸 ☞ 彼岸 cǐ àn ☞ bǐ àn

차안 ☞ 피안

此一时，彼一时(此一時，彼一時) ☞
彼一时，此一时
cǐ yī shí, bǐ yī shí ☞ bǐ yī shí, cǐ yī shí

차일시, 피일시 ☞ 피일시, 차일시

寸草春晖(寸草春暉)　cùn cǎo chūn huī

촌초춘휘 : 한 치의 풀과 봄 햇빛

풀이

부모의 사랑에 자식이 보답하기 어려움을 비유하는 말이다.

출전 : 唐 孟郊, 〈游子吟〉, “誰言寸草心, 報得三春暉。”

번역 : 당 맹교, 〈유자음〉, “누가 한 치의 풀 같은 마음이 세 달의 봄 햇빛에 보답할 수 있다고 하였던가?”

大器晚成　dà qì wǎn chéng

대기만성 : 큰 그릇은 늦게 만들어진다.

풀이

큰 일이나 큰 인재는 그 성취에 오랜 시간이 걸리는 것을 비유한다.

출전 : 《老子・第四十一章》, "大方無隅, 大器晚成。"

번역 : 《노자・제 41장》, "큰 네모는 모퉁이가 없고, 큰 그릇은 늦게 만들어진다."

大相径庭(大相徑庭)　dà xiāng jìngtíng

대상경정 : 크게 서로 (차이 나는 것이) 한길과 안뜰이다.

풀이

차이가 너무 크거나 모순이 심함을 비유한다. '대유경정(大有迳庭)'이라고도 하고, '대상경정(大相迳庭)'으로도 쓴다.

출전 : 《莊子・逍遙游》, "大有徑庭, 不近人情焉。"

번역 :《장자·소요유》, "크게 한길과 안뜰의 거리 차이가 있으니, 일반인의 정서에 가깝지 않다."

呆若木鸡(呆若木雞) dāi ruò mù jī

매약목계 : 멍한 것이 나무로 깎은 닭과 같다.

 **풀이**

두렵거나 놀라서 멍해진 모습을 비유한다. 원래는 정신이 전일해져서 동요하지 않는 상태를 형용한 말이었다.

출전 :《莊子·達生》, "幾矣。鷄雖有鳴者, 已无變矣。望之似木鷄矣。其德全矣。異鷄无敢應, 見者反走矣。"

번역 :《장자·달생》, "거의 되었습니다. 닭 중에 우는 놈이 있어도 이제 변화를 보이지 않습니다. 멀리서 보면 마치 나무로 깎은 닭과 같아졌습니다. 그 정신이 전일해진 것입니다. 다른 닭들이 감히 대항하지 못하고, 보는 닭마다 몸을 돌려 달아납니다."

道听途说(道聽塗說) dào tīng tú shuō

도청도설 : 길에서 듣고 길에서 말하다.

 **풀이**

근거 없는 소문을 가리킨다. 원래는 좋은 말을 듣고서 실천하지 않고 말해 버리는 것을 비유하였다.

출전 : 《論語·陽貨》, "道聽而塗說, 德之棄也。"

번역 : 《논어·양화》, "길에서 듣고 길에서 말하면, 덕을 버리는 것이다."

悼亡　dàowáng

도망 : 죽은 이를 애도하다.

풀이

아내의 죽음을 비유한다.[진(晉)나라의 반악(潘岳)이 아내를 잃고 〈도망(悼亡)〉이라는 애도시를 지은 데에서 유래한 말이다.]

출전 : 晉 潘岳, 〈悼亡〉, "凜凜涼風升, 始覺夏衾單。豈曰無重纊, 誰與同歲寒。"

번역 : 진 반악, 〈도망〉, "싸늘하게 찬바람이 이니, 비로소 여름 이불이 얇은 것을 알겠다. 어찌 겹 솜이불이 없으리오만, 누구와 추운 겨울을 함께할 것인가?"

道不拾遺(道不拾遺)　dào bù shí yí

도불습유 : 길에서 떨어진 물건을 줍지 않다.

풀이

나라가 잘 다스려져 사람들이 각박하지 않음을 비유한다. '노불습유(路不拾遺)'라고도 한다.

출전 :《韓非子·外儲說左上》, "子產退而爲政, 五年, 國無盜賊,
道不拾遺。"

번역 :《한비자·외저설좌상》, "자산이 물러나와 정사를 다스렸는데, 5
년이 되자 나라에 도적이 없어지고 길에서 떨어진 물건을 줍지
않았다."

当仁不让(當仁不讓) dāng rén bù ràng

당인불양 : 어진 일을 담당하여 양보하지 않는다.

풀이

가치 있는 일에 적극적이고 자발적으로 나서는 태도를 비유한다.

출전 :《論語·衛靈公》, "當仁, 不讓於師。"

번역 :《논어·위령공》, "어진 일을 담당하여 선생님에게도 양보하지
않는다."

得道多助 dé dào duō zhù

득도다조 : 도를 얻으면 도움이 많다.

풀이

도리에 맞게 행동하면 도와 주는 사람이 많음을 비유한다.

출전 :《孟子·公孫丑下》, "得道者多助, 失道者寡助。"

[번역] :《맹자・공손추하》, "도를 얻은 자는 도와 주는 이가 많고, 도를
잃은 자는 도와 주는 이가 적다."

得陇望蜀(得隴望蜀) dé Lǒng wàng Shǔ

득롱망촉 : 농 지역을 얻은 뒤, 촉을 바라다.

풀이

만족할 줄 모르는 탐욕을 비유한다.[후한의 광무제(光武帝) 유수
(劉秀)가 잠팽(岑彭)에게 명령을 내려, 농(隴, 오늘날의 감숙 일
대)을 평정하고 이어 군사를 이끌고 남하하여 서촉을 취하도록 하
였다.]

[출전] :《後漢書・岑彭傳》, "人苦不知足, 旣平隴, 復望蜀。"

[번역] :《후한서・잠팽전》, "사람이란 심히 만족할 줄을 모르니, 이미 농
지역을 평정하고 다시 촉 땅을 바란다."

得心应手(得心應手) ☞ 斲轮老手
dé xīn yìng shǒu ☞ zhuó lún lǎo shǒu

득심응수 ☞ 착륜노수

得鱼忘筌(得魚忘筌) dé yú wàng quán

득어망전 : 고기를 잡고는 통발을 잊는다.

 **풀이**

목적을 이룬 뒤에는 원래의 수단을 잊어야 함을 비유한다.

출전 :《莊子·外物》, "筌者所以在魚, 得魚而忘筌。"

번역 :《장자·외물》, "통발은 고기를 잡는 데 쓰이는 것이니, 고기를 잡았으면 통발은 잊어야 한다."

丁忧(丁憂)　dīngyōu

정우 : 근심을 만나다.

풀이

부모상을 당한 것을 비유한다.

출전 :《晋書·袁悅之傳》, "始爲謝玄參軍, 爲玄所遇, 丁憂去職。"

번역 :《진서·원열지전》, "처음에 사현의 참군이 되었는데, 사현에게서 인정을 받았으나 부모상을 당하여 그 직을 떠났다."

东窗事发(東窓事發)　dōng chuāng shì fā

동창사발 : 동쪽 창문 아래의 일이 발각되다.

풀이

범행이나 음모가 드러나는 것을 가리킨다. '동창사범(東窓事犯)'이라고도 한다.[송의 진회(秦檜)가 자기 집 동쪽 창문 아래에서 아내와 함께 계책을 세워 악비(岳飛)를 살해하였다. 지장왕(地藏王)이 나그

出典 : 元 劉一淸,《錢塘遺事》, "可煩傳語夫人, 東窗事發矣。"

번역 : 원 유일청,《전당유사》, "번거롭겠지만 집사람에게 말을 전해 주오, 동쪽 창문 아래의 일이 발각되었다고."

东床(東床)　dōngchuáng

동상：동쪽 평상

풀이

사위를 일컫는 말이다.

出典 :《晉書·王羲之傳》, "太尉郗鑒, 使門生求女婿於導。導令就東廂遍觀子弟。門生歸, 謂鑒曰, 王氏諸少並佳。然聞信至, 咸自矜持。惟一人在東床坦腹食, 獨若不聞。鑒曰, 正此佳婿邪。訪之, 乃羲之也。遂以女妻之。"

번역 :《진서·왕희지전》, "태위인 치감이 문하생을 시켜 왕도(王導)의 집안에서 사위를 구하도록 하였다. 왕도는 동쪽 곁채에 가서 젊은이들을 두루 살펴보도록 하였다. 문하생이 돌아와 치감에게 말하기를, '왕도 집안의 젊은이들은 모두 훌륭하였습니다. 그러나 소식이 간 것을 듣고는 모두 조심하였습니다. 다만 한 사람이 동쪽 평상에서 배를 드러내고 밥을 먹는데, 혼자만 듣지 못한 듯이 하였습니다.' 라고 하였다. 치감이 '바로 이 사람이 훌륭한 사윗감이로다.' 라고 하였다. 찾아가 보니 바로 왕희지였다. 마침내 딸을 그에게 시집보냈다."

东道主(東道主)　dōngdàozhǔ

동도주 : 동쪽 길의 주인

 풀이

손님을 접대하는 주인을 일컫는 말이다.

출전 :《左傳·僖公三十年》, "若舍鄭以爲東道主, 行李之往來, 共其乏困, 君亦無所害。"

번역 :《좌전·희공 30년》, "만약 정나라를 풀어 주어 동쪽으로 가는 길의 주인으로 삼아 사신이 오고갈 때 부족한 것을 공급하게 한다면, 임금께서도 해될 것이 없을 것입니다."

东施效颦(東施效颦)　Dōngshī xiào pín

동시효빈 : 동시가 찡그리는 것을 흉내 내다.

 풀이

함부로 모방하여 결과가 더욱 나빠지는 것을 비유한다.

출전 :《莊子·天運》, "西施病心而矉其里。其里之醜人見之而美之, 歸亦捧心而矉其里。"

번역 :《장자·천운》, "서시가 속병을 앓아 마을에서 얼굴을 찡그리고 다녔다. 그 마을의 추한 여인[동시(東施)]이 그것을 보고 아름답게 여겨, 돌아가서 자신도 가슴에 손을 대고 마을에서 얼굴을 찡그리고 다녔다."

栋梁(棟梁)　dòngliáng

동량 : 대들보와 들보

풀이

가옥의 주요 부분을 가리킨다. 후에는 나라의 중책을 맡은 사람을 비유하는 말로 쓰이게 되었다.

출전 :《莊子・人間世》, "仰而視其細枝, 則拳曲而不可爲棟梁。"

번역 :《장자・인간세》, "눈을 들어 잔가지를 보니, 굽어 있어 대들보나 들보를 만들 수 없었다."

洞房　dòngfáng

동방 : 깊은 방

풀이

신혼 부부의 침실을 가리킨다.

출전 : 北周 庾信, 〈和詠舞〉, "洞房花燭明, 燕餘雙舞輕。"

번역 : 북주 유신, 〈화영무〉, "동방의 화촉은 밝고, 잔치 뒤에 쌍으로 추는 춤이 가볍다."

杜康　dùkāng

두강 : 사람 이름

처음으로 술을 만든 사람이라고 전해진다. 후에는 술을 가리키는 말로 쓰이게 되었다.

출전 : 三國 魏 曹操, 〈短歌行〉, "何以解憂? 惟有杜康。"

번역 : 삼국 위 조조, 〈단가행〉, "무엇으로 근심을 풀 것인가? 오직 술이 있을 뿐이로다."

杜撰　dùzhuàn

두찬 : 두묵(杜黙)이 지은 작품

근거 없이 함부로 지은 시문이나 저술을 가리킨다.[송(宋)의 두묵이 시율에 맞지 않는 시를 많이 지은 데에서 비롯된 말이다.]

출전 : 宋 王楙, 《野客叢書·杜撰》, "杜黙爲詩, 多不合律。故言事不合格者, 爲杜撰。"

번역 : 송 왕무, 《야객총서·두찬》, "두묵이 시를 지을 때, 시율에 맞지 않는 것이 많았다. 그래서 일이 격식에 맞지 않는 것을 일러 '두찬'이라고 한다."

独木难支(獨木難支)　dú mù nán zhī

독목난지 : 하나의 나무로는 버티기 어렵다.

 **풀이**

큰 일을 이루기 위해서는 여러 사람의 협조가 필요함을 강조하는
말이다. '일목난지(一木难支)'라고도 한다.

출전 : 隋 王建,《文中子·事君》, "大厦將顚, 非一木所支也。"

번역 : 수 왕건,《문중자·사군》, "큰 건물이 무너지려 할 때에는, 하나
의 나무가 지탱할 수 있는 것이 아니다."

独善其身(獨善其身)　dú shàn qí shēn

독선기신 : 홀로 자신을 선하게 하다.

풀이

물러나 자신을 수양하는 것을 일컫는다. 후에는 시비에 휘말리는
것을 두려워하여 다른 일에 관심을 갖지 않음을 비유하는 말로도
쓰이게 되었다.

출전 :《孟子·盡心上》, "古之人, 得志澤加於民, 不得志修身見於
世。窮則獨善其身, 達則兼善天下。"

번역 :《맹자·진심상》, "옛사람은 뜻을 얻으면 은택이 백성에게 베풀
어지고, 뜻을 얻지 못하면 자신을 수양하여 세상에 드러났다. 곤
궁하면 홀로 자신을 선하게 하고 영달하면 천하 사람들을 아울
러 선하게 하였다."

断弦(斷弦)　duànxuán

단현 : 거문고의 줄이 끊어지다.

 **풀이**

아내의 죽음을 비유한다.

출전 : 唐 孟郊, 〈感興〉, "昔爲連理枝, 今爲斷絃聲。"

번역 : 당 맹교, 〈감흥〉, "전에는 결이 이어진 나무이더니, 지금은 줄이 끊어진 거문고 소리로다."

多多益善(多多益善)　duō duō yì .shàn

다다익선 : 많으면 많을수록 더욱 좋다.

풀이

많을수록 좋은 경우를 비유한다.

출전 : 《史記·淮陰侯列傳》, "上問曰, 如我能將幾何? 信曰, 陛下不過能將十萬。上曰, 於君何如? 曰, 臣多多而益善耳。上笑曰, 多多益善, 何爲爲我禽? 信曰, 陛下不能將兵, 而善將將。此乃信之所以爲陛下禽也。"

번역 : 《사기·회음후열전》, "왕이 묻기를, '나의 경우는 얼마(의 군사)를 거느릴 수 있겠소?' 라고 하자, 한신이 '폐하께서는 십 만을 거느릴 수 있을 뿐입니다."라고 대답하였다. 왕이 '그대의 경우는 어떠하오?' 라고 묻자, 대답하기를, '신은 많으면 많을수록

더욱 좋습니다.'라고 하였다. 왕이 웃으면서, '많으면 많을수록 좋다면서 어째서 내 휘하에 있게 되었소?'라고 묻자, 한신이 대답하기를, '폐하께서는 사병을 잘 거느리지는 못하시지만, 장수를 잘 거느리십니다. 이것이 제가 폐하의 휘하에 있게 된 이유입니다.'라고 하였다."

蛾眉　éméi

아미 : 나방의 촉수 같은 눈썹

 풀이

아름다운 눈썹을 가리킨다. 후에는 미인을 비유하게 되었다. '아미(娥眉)'로도 쓴다.

출전 :《詩經·衛風·碩人》, "齒如瓠犀, 螓首蛾眉. 巧笑倩兮, 美目盼兮"

번역 :《시경·위풍·석인》, "치아는 박씨같고, 매미 이마에 나방 촉수 같은 눈썹이로다. 예쁜 웃음은 보조개가 어여쁘며, 아름다운 눈은 눈동자가 선명하다."

而立　érlì

이립 : 자립하다.

 풀이

사람의 나이 30세를 가리킨다. 원래의 뜻은 30이 되어 학문에 대한 견해가 확립되었다는 말이다.

출전 : 《論語·爲政》, "吾十有五而志于學, 三十而立。"

번역 : 《논어·위정》, "나는 15세가 되어 학문에 뜻을 두었고, 30이 되어 확립되었다."

耳边风(耳邊風)　ěrbiānfēng

이변풍 : 귓가에 스쳐 가는 바람

풀이

들고는 마음에 담아 두지 않음을 비유하는 말이다. 원래는 의미 없는 것을 비유하는 말이었다.

출전 : 漢 趙曄, 《吳越春秋·吳王壽夢傳》, "富貴之於我, 如秋風之過耳。"

번역 : 한 조엽, 《오월춘추·오왕수몽전》, "부귀는 나에게, 가을 바람이 귓가에 스쳐 가는 것과 같다."

耳顺(耳順)　ěrshùn

이순 : 귀가 순해지다.

풀이

사람의 나이 60세를 가리킨다. 원래의 뜻은 60이 되어 남의 말을 듣고 그 속뜻을 바로 이해하게 되었다는 말이다.

출전 : 《論語·爲政》, "六十而耳順。"

번역 : 《논어 · 위정》, "나이 60이 되어서는 귀가 순해졌다."

耳提面命　ěr tí miàn mìng

이제면명 : 귀를 당겨 말해 주고 면대하여 알려 주다.

풀이

간곡하게 타이르는 것을 비유한다.

출전 : 《詩經 · 大雅 · 抑》, "匪面命之, 言提其耳。"

번역 : 《시경 · 대아 · 억》, "직접 맞대고 알려 줄 뿐만 아니라, 그의 귀를 당겨 깨우쳐 준다."

尔虞我诈(爾虞我詐)　ěr yú wǒ zhà

이우아사 : 네가 속이면 나도 속인다.

풀이

서로 속이는 것을 가리킨다. '이사아우(尔诈我虞)'라고도 한다. 원래는 내가 너를 속이지 않으리니, 너도 나를 속이지 말라는 뜻이었다.

출전 : 《左傳 · 宣公十五年》, "我無爾詐, 爾無我虞。"

번역 : 《좌전 · 선공 15년》, "내가 너를 속이지 않으리니, 너도 나를 속이지 말라."

发妻(髮妻)　fàqī

발처 : 머리를 묶은 아내

 풀이

첫부인을 가리키는 말이다.

[출전] : 漢 蘇武, 〈雜詩〉, "結髮爲夫妻, 恩愛兩不疑。"

[번역] : 한 소무, 〈잡시〉, "머리를 묶고 부부가 된 뒤, 사랑을 서로 의심
하지 않았네."

反求诸己(反求諸己)　fǎn qiú zhū jǐ

반구저기 : 돌이켜 자기 자신에게서 찾다.

풀이

잘못을 자기에게서 찾는 태도를 가리킨다.

[출전] :《孟子·公孫丑上》, "射者正己而後發, 發而不中, 不怨勝己
者, 反求諸己而已矣。"

번역 :《맹자·공손추상》, "활 쏘는 사람은 자기 몸을 바르게 한 뒤에 쏘며, 쏘아서 맞추지 못하더라도 자신을 이긴 사람을 원망하지 않고, 돌이켜 자기 자신에게서 (잘못을) 찾을 따름이다."

方家　fāngjiā

방가 : 대가

풀이

도를 깨달은 이를 비유하는 말이다. '대방지가(大方之家)'의 준말이다. 후에는 한 분야에 정통한 사람을 가리키는 말로 쓰이게 되었다.

출전 :《莊子·秋水》, "吾非至於子之門, 則殆矣, 吾長見笑於大方之家。"

번역 :《장자·추수》, "내가 그대의 문하에 이르지 않았더라면 위태로워졌을 것이니, 나는 도를 깨달은 이들에게 내내 비웃음을 당했을 것이다.

方枘圆凿(方枘圓鑿)　fāng ruì yuán záo

방예원조 : 네모진 장부와 둥근 구멍

풀이

전혀 어울리지 않는 것을 비유하는 말이다. '원조방예(圓凿方枘)'라고도 한다.

출전 : 《楚辭·九辯》, "圓鑿而方枘兮, 吾固知其鉏鋙而難入。"

번역 : 《초사·구변》, "둥근 구멍에 네모난 장부이니, 나는 진실로 서로
      어긋나 끼우기 어려움을 알겠다."

风马牛不相及(風馬牛不相及)
fēng mǎ niú bù xiāng jí

풍마우불상급 : 바람난 말이나 소의 일[나와 관계 없
는 하찮은 일]에 관여하지 않는다.

서로 간에 전혀 관계가 없음을 비유한다.

출전 : 《左傳·僖公四年》, "君居北海, 寡人居南海, 唯是風馬牛不

相及也。"

번역 : 《좌전·희공 4년》, "그대는 북해에 있고 나는 남해에 있으니, 그
      저 바람난 말이나 소의 일에 관여하지 않듯이 관계가 없습니다."

风声鹤唳(風聲鶴唳)　　fēng shēng hè lì

풍성학려 : 바람 소리와 학의 울음

놀라서 허둥대고 두려워함을 비유하는 말이다.[전진(前秦)의 부
견(苻堅)이 군대를 이끌고 동진(東晋)을 공격하였으나 크게 패하
여 달아나게 되었는데, 패잔병들이 바람 소리와 학의 울음 소리를

출전 : 《晋書·謝玄傳》, "餘衆棄甲宵遁, 聞風聲鶴唳, 皆以爲王師已至。"

번역 : 《진서·사현전》, "나머지 무리들도 갑옷을 버리고 밤에 도망가는데, 바람 소리와 학의 울음 소리를 듣고 모두가 왕의 군대가 이미 도달한 것으로 여겼다."

辅车相依(輔車相依) fǔ chē xiāng yī

보거상의 : 바퀴덧방나무와 수레바퀴가 서로 의지하다.
[일설 : 뺨과 잇몸이 서로 의지하다.]

풀이

둘 사이가 긴밀하게 의지하는 관계임을 비유한다.

출전 : 《左傳·僖公五年》, "諺所謂輔車相依, 脣亡齒寒者, 其虞虢之謂也。"

번역 : 《좌전·희공 5년》, "속담에서 말한, '바퀴덧방나무와 수레는 서로 의지하고 입술이 없어지면 이가 시리다.' 라고 한 것이 아마도 우나라와 괵나라를 일컫는 말일 것입니다."

腹稿 fùgǎo

복고 : 뱃속의 원고

이미 마음속에 구상해 놓은 원고를 가리킨다.

출전 : 唐 段成式, 《酉陽雜俎·語資》, "王勃每爲碑頌, 先墨磨數升, 引被覆面而臥, 忽起, 一筆書之。初不竄點, 時人謂之腹藁。"

번역 : 당 단성식, 《유양잡조·어자》, "왕발은 매번 비문을 쓸 때마다, 먼저 먹을 몇 되 갈아놓고 이불을 끌어다 얼굴을 덮고 자다가 갑자기 일어나 한 번에 써 내렸다. 애당초 고치거나 지우지 않아, 당시 사람들은 이를 일러 '뱃속의 원고'라고 하였다."

负荆(負荊)　fùjīng

부형 : 가시나무를 등에 지다.

풀이

잘못을 인정하고 사죄한다는 뜻이다. [전국시대의 염파(廉頗)와 인상여(藺相如)는 함께 조(趙)나라에서 벼슬하였다. 인상여가 상경(上卿)이 되어 염파의 윗자리에 있게 되자, 염파는 이를 인정하지 않고 인상여를 욕보이려 하였다. 인상여는 나라의 이익을 위하여 모든 것을 양보하였다. 뒤에 염파가 이 사실을 알고 사죄한 고사에서 비롯된 말이다.]

출전 : 《史記·廉頗藺相如列傳》, "彊秦之所以不敢加兵於趙者, 徒以吾兩人在也。今兩虎共鬪, 其勢不俱生。吾所以爲此者, 以先國家之急而後私讎也。廉頗聞之, 肉袒負荊, 因賓客至藺相如門謝罪。"

 :《사기·염파인상여열전》, "강한 진나라가 감히 조나라를 침범하
지 못하는 것은, 다만 우리 두 사람이 있기 때문이다. 지금 두 호
랑이가 서로 싸운다면 그 형세는 둘 다 모두 살 수는 없다. 내가
이렇게 하는 것은 국가의 위기를 우선으로 하고 사사로운 원수
를 뒤로 하기 때문이다. 염파가 이 말을 듣고 어깨를 드러낸 채
가시나무를 지고 빈객을 통하여 인상여의 문 앞에 이르러 사죄
하였다."

赋闲(賦閑)　fùxián

부한 : 〈한거부(閑居賦)〉를 짓다.

풀이

관직에서 물러나는 것, 또는 직업 없이 노는 것을 비유한다.[진
(晉)나라의 반악(潘岳)이 벼슬에서 물러나 집에 있으면서 〈한거
부(閑居賦)〉를 지은 데에서 유래한 말이다.]

 : 晉　潘岳, 〈閑居賦〉, "於是退而閑居于洛之涘。身齊逸民,
名綴下士。"

 : 진 반악, 〈한거부〉, "이에 물러나 한가로이 낙수가에 머문다. 몸
은 은일한 사람과 같고 이름은 하사[下士, 제후의 아래 다섯 등
급에서 가장 낮은 계급]에 해당한다."

改弦更张(改弦更張) gǎi xuán gēng zhāng

개현경장 : 줄을 고치고 조율하여 죄다.

제도를 개혁하는 것을 비유한다.

출전 :《漢書·董仲舒傳》, "琴瑟不調, 甚者必解而更張之, 乃可鼓
也。爲政而不行, 甚者必變而更化之, 乃可理也。"

번역 :《한서·동중서전》, "거문고가 음이 맞지 않으면 심한 경우에는
풀고 고쳐서 조율해야 연주할 수 있습니다. 정치를 하는데 잘 되
지 않으면 심한 경우에는 바꾸고 고쳐서 변화시켜야 다스릴 수
있습니다."

干城　gānchéng

간성 : 방패와 성곽

국가를 지키는 장수와 병사를 비유하는 말이다.

출전 ：《詩經·周南·兔罝》, "赳赳武夫, 公侯干城。"

번역 ：《시경·주남·토저》, "씩씩한 무사들이여, 제후의 방패와 성곽이로다."

纲举目张(綱舉目張) `gāng jǔ mù zhāng`

강거목장 : 벼리가 들어지면 그물눈이 펴진다.

 풀이

핵심을 잡으면 조리가 분명해짐을 비유한다.

출전 ：《呂氏春秋·用民》, "壹引其綱, 萬目皆張。"

번역 ：《여씨춘추·용민》, "한 번 벼리를 잡아당기면, 모든 그물눈이 다 펴진다."

高山景行　`gāo shān jǐng xíng`

고산경행 : 높은 산과 큰 길

 풀이

높고 바른 덕행을 비유하는 말이다.

출전 ：《詩經·小雅·車舝》, "高山仰止, 景行行止。"

번역 ：《시경·소아·거할》, "높은 산을 우러러보며, 큰 길을 걷는다."

割鸡焉用牛刀(割雞焉用牛刀)
gē jī yān yòng niú dāo

할계언용우도 : 닭을 잡는 데 어찌 소 잡는 칼을 쓰리요.

풀이

작은 일을 하는데 큰 힘을 쓸 필요가 없음을 비유한다.

출전 :《論語·陽貨》, "子之武城, 聞弦歌之聲。夫子莞爾而笑曰, 割雞焉用牛刀。"

번역 :《논어·양화》, "공자가 무성에 갔는데, 거문고 소리가 들렸다. 공자는 빙그레 웃으면서, '닭을 잡는 데 어찌 소 잡는 칼을 쓰는가?'라고 하셨다."

割席　gēxí

할석 : 자리를 가르다.

풀이

친구와 절교하는 것을 가리킨다.[삼국시대의 관녕(管寧)은 화흠(華歆)과 함께 공부하였는데, 나중에 화흠의 행위에 실망하여 자리를 가르고 따로 앉았다고 한다.]

출전 : 南朝 宋 劉義慶,《世說新語·德行》, "嘗同席讀書, 有乘軒冕過門者。寧讀如故, 歆廢書出看。寧割席分坐曰, 子非吾友也。"

번역 :남조 송 유의경,《세설신어·덕행》, "일찍이 자리를 같이 하고 책을 읽는데, 수레를 타고 면복(冕服)을 갖춘 채 문 앞을 지나가 는 이가 있었다. 관녕은 여전히 책을 읽고 있었지만, 화흠은 책 을 덮고 나가서 구경하였다. 관녕이 자리를 가르고 따로 앉으면 서, '자네는 내 친구가 아니다.' 라고 말하였다."

格物致知　gé wù zhì zhī

격물치지 : 사물의 이치를 파고들어 앎을 지극하게 한다.

풀이

사물의 이치를 파고들어 철저하게 알려고 하는 학문 태도를 비유 한다.

출전 :《禮記·大學》, "欲誠其意者, 先致其知, 致知在格物。"

번역 :《예기·대학》, "그 뜻을 참되게 하려고 하는 자는 먼저 앎을 지 극하게 하였으니, 앎을 지극하게 하는 것은 사물의 이치를 파고 드는 데에 있다."

更上一层楼(更上一層樓)
gèng shàng yī céng lóu

갱상일층루 : 다시 누대 한 층을 더 오르다.

풀이

한걸음 더 나아가 보다 향상되고자 하는 태도를 비유한다.

출전 : 唐 王之渙, 〈登鸛雀樓〉, "白日依山盡, 黃河入海流。欲窮千
里目, 更上一層樓。"

번역 : 당 왕지환, 〈등관작루〉, "태양은 산을 따라 지고, 황하는 바다로
흘러든다. 천 리의 먼 곳을 다 보고자, 다시 누대 한 층을 더 오
른다."

功亏一簣(功虧一簣) gōng kuī yī kuì

공휴일궤 : 공이 한 삼태기에서 어긋나다.

풀이

마지막에 약간의 노력이나 힘이 모자라 일을 성공시키지 못하는
상황을 비유한다.

출전 : 《書經·旅獒》, "爲山九仞, 功虧一簣。"

번역 : 《서경·여오》, "산을 아홉 길 쌓는데, 공이 한 삼태기에서 어긋
난다."

攻错(攻錯) gōngcuò

공착 : 가는 숫돌

풀이

다른 사람의 장점으로 자기의 단점을 보완하는 것을 비유한다.
원래 이 말은 보잘것없는 것도 자기 수양에 도움이 된다는 뜻이
었다.

출전 : 《詩經·小雅·鶴鳴》, "他山之石, 可以爲錯。"

번역 : 《시경·소아·학명》, "남의 산에 있는 돌도, 숫돌로 삼을 수 있다."

篝火狐鸣(篝火狐鳴)　gōu huǒ hú míng

구화호명 : 바구니 불과 여우 울음

풀이

봉기를 계획하는 것을 비유하는 말이다.[진대(秦代)의 진섭(陳涉)이 봉기를 준비할 때, 밤중에 바구니에 불을 넣어 도깨비불처럼 하고서 여우로 위장하여 수졸(守卒)들을 동요시킨 데에서 유래한 말이다.]

출전 : 《史記·陳涉世家》, "夜篝火狐鳴, 呼曰, 大楚興, 陳勝王。"

번역 : 《사기·진섭세가》, "밤에 바구니 불을 보이고 여우 울음소리를 내면서, '대초가 일어나고, 진승이 천자가 될 것이다.'라고 외치게 하였다."

孤哀子　gū'āizǐ

고애자 : 외롭고 슬픈 아들

풀이

부모를 모두 여읜 상주가 스스로를 칭하는 말이다.

출전 : 宋 朱熹,《家禮》卷四, "母喪稱哀子, 俱亡卽稱孤哀子。"

번역 : 송 주희,《가례》권 4, "어머니가 돌아가셨을 때에는 (스스로를) '애자' 라고 일컫고, (부모가) 모두 돌아가셨을 때에는 '고애자' 라고 일컫는다."

孤掌难鸣(孤掌難鳴) gū zhǎng nán míng

고장난명 : 한 손바닥으로는 소리내기 어렵다.

풀이

혼자만의 힘으로는 일을 이루기가 어려움을 비유한다.

출전 :《韓非子·功名》, "人主之患在莫之應。故曰, 一手獨拍, 雖疾無聲。"

번역 :《한비자·공명》, "군주의 근심거리는 자신에게 호응하는 이가 없는 데에 있다. 그러므로 '한 손으로만 치면 아무리 빨라도 소리가 나지 않는다.' 라고 하는 것이다."

鼓盆 gǔpén

고분 : 질장구를 두드리다.

풀이

아내의 죽음을 비유한다.

출전 :《莊子·至樂》, "莊子妻死。惠子弔之, 莊子則方箕踞, 鼓盆

而歌。"

번역 : 《장자·지락》, "장자의 아내가 죽었다. 혜자가 조문하러 갔는데, 장자는 다리를 벌리고 앉아서 질장구를 두드리며 노래를 부르고 있었다."

古稀　gǔxī

고희 : 예로부터 드물다.

 풀이

사람의 나이 70세를 가리킨다.

출전 : 唐 杜甫, 〈曲江〉, "酒債尋常行處有, 人生七十古來稀。"

번역 : 당 두보, 〈곡강〉, "술값 외상은 항상 가는 곳마다 있지만, 사람이 태어나서 칠십 세는 예로부터 드물다."

瓜代(瓜代)　guādài

과대 : 오이가 익을 때 교체하다.

 풀이

관리의 임기가 끝나서 다른 사람으로 교체되는 것을 일컫는다.

출전 : 《左傳·莊公八年》, "齊侯使連稱管至父戍葵丘。瓜時而往, 曰, 及瓜而代。"

번역 : 《좌전·장공 8년》, "제나라 임금이 연칭과 관지보로 하여금

규구를 지키도록 하였다. 오이가 익을 때 가게 되었는데, 그들에게 말하기를, '(내년) 오이 익을 때 교대해 주겠다.'라고 하였다."

刮目相看　guā mù xiāng kàn

괄목상간 : 눈을 비비고 상대를 보다.

풀이

상대방의 진보에 놀라는 것을 형용한다. '괄목상대(刮目相待)'라고도 한다.

출전 :《三國志·吳書·呂蒙傳》裴松之 注, "士別三日, 卽更刮目相待。"

번역 :《삼국지·오서·여몽전》 배송지 주, "선비는 헤어진 지 3일이면, 바로 다시 눈을 비비고 상대를 대한다."

挂冠　guàguān

괘관 : 모자를 걸다.

풀이

관직을 그만두는 것을 비유한다. '괘관(掛冠)'으로도 쓴다.

출전 : 晋 袁宏,《後漢紀·光武帝紀》, "(逢萌)聞王莽居攝, 子宇諫, 莽殺之。萌會友人曰, 三綱絶矣, 禍將及人。卽解衣

冠, 挂東都城門, 將家屬, 客於遼東。"

번역 : 진 원굉, 《후한기 · 광무제기》, "(봉맹은,) 왕망이 정사를 대신하
면서 자우가 간언을 하자 그를 죽였다는 말을 들었다. 봉맹은 친
구를 만나 말하기를, '삼강이 단절되었으니 화가 장차 사람들에
게 미칠 것이다.'라고 하고 즉시 관복과 모자를 벗어 낙양의 성
문에 걸어 놓고, 가족을 이끌고 요동으로 떠났다."

管中窺豹(管中窺豹) guǎn zhōng kuī bào

관중규표 : 대롱 안으로 표범을 보다.

풀이

사물의 일부분만 보는 것을 비유한다. 관찰한 일부분으로부터 전
체를 추측할 수 있음을 비유하기도 한다.

출전 : 南朝 宋 劉義慶, 《世說新語 · 方正》, "此郎亦管中窺豹, 時
見一斑。"

번역 : 남조 송 유의경, 《세설신어 · 방정》, "이 사람은 그저 대롱 안으
로 표범을 보았으니, 이는 무늬 한 점만 본 것이다."

过门不入(過門不入) guò mén bù rù

과문불입 : 문 앞을 지나며 들어가지 않다.

풀이

공무에 충실하여 사적인 것을 돌아보지 않음을 비유한다.[우(禹)

임금이 치수(治水)를 할 때, 자기 집 앞을 여러 차례 지나면서도
들어가지 않았다고 한다.]

출전 : 《孟子·滕文公上》, "禹八年於外, 三過其門而不入。"

번역 : 《맹자·등문공상》, "우는 밖에서 8년을 지내면서 세 번이나 자
기 집 문 앞을 지나갔지만 들어가지 않았다."

过犹不及(過猶不及) guò yóu bù jí

과유불급 : 지나침은 부족함과 같다.

풀이

지나침과 부족함이 모두 좋지 않음을 가리킨다.

출전 : 《論語·先進》, "子貢問, 師與商也, 孰賢? 子曰, 師也過,
商也不及。曰, 然則師愈與? 子曰, 過猶不及。"

번역 : 《논어·선진》, "자공이, '사[師, 공자의 제자인 자장(子張)의 이
름]와 상[商, 공자의 제자인 자하(子夏)의 이름]은 누가 뛰어납
니까?'라고 묻자, 공자가 대답하였다. '사는 지나치고 상은 부
족하다.' '그렇다면 사가 낫습니까?' 공자가 대답하였다. '지나
침은 부족함과 같으니라.'"

海量　hǎiliàng

해량 : 바다 같은 분량

 **풀이**

주량이 큰 것을 비유하는 말이다.

출전 : 元　耶律楚材, 〈題平陽李君實吟醉軒〉, “長鯨海量嫌甜酒, 彩
筆天才笑小詩。”

번역 : 원 야율초재, 〈제평양이군실음취헌〉, “큰 고래 같은 주량은 단술
이 마음에 차지 않고, 뛰어난 문재(文才)를 지닌 천재는 작은 시
를 비웃는다.”

邯郸学步(邯鄲學步)　Hándān xué bù

한단학보 : 한단에서 걸음걸이를 배우다.

 **풀이**

남을 모방하다가 본래 가지고 있던 자신의 능력마저 잃는 것을 비

유한다.[전국시대 연(燕)나라 사람이 조(趙)나라의 수도인 한단
에 갔는데, 그곳 사람들의 걸음걸이를 보고 매우 아름답게 여겨
그들을 따라 배웠다. 결국은 제대로 배우지 못했을 뿐만 아니라
자신의 원래 걸음걸이조차 잊어버려, 기어서 돌아왔다고 한다.]

출전 :《莊子·秋水》, “子獨不聞夫壽陵餘子之學行於邯鄲與。 未
得國能, 又失其故行矣, 直匍匐而歸耳。”

번역 :《장자·추수》, “그대는 유독 저 수릉의 젊은이가 한단에서 걷기
를 배운 얘기를 듣지 못했는가? 아직 그 나라의 좋은 점을 터득
하기도 전에, 또한 자신의 옛 걸음걸이조차 잊어버려 그저 기어
서 돌아왔을 따름이다.”

汗牛充栋(汗牛充棟) hàn niú chōng dòng

한우충동 : 소를 땀나게 하고 마룻대를 채우다.

풀이

책이 많음을 비유한다.

출전 : 唐 柳宗元, 〈文通先生陸給事墓表〉, “其爲書, 處則充棟宇,
出則汗牛馬。”

번역 : 당 유종원, 〈문통선생육급사묘표〉, “그의 책 분량은 쌓으면 마룻
대를 채우고, 꺼내 옮기면 소와 말을 땀나게 하였다.”

沆瀣一气(沆瀣一氣) hàng xiè yī qì

항해일기 : 최항(崔沆)과 최해(崔瀣)가 한 가지 기세이다.

 풀이

한 통속의 사람들이 서로 결합하는 것을 비유한다.[당나라의 최해가 과거를 보았는데, 감독관인 최항이 그를 합격시키자 어떤 사람이 비웃으며 한 말이다.]

출전 : 宋 錢易,《南部新書》, "座主門生, 沆瀣一气。"

번역 : 송 전이,《남부신서》, "시험관과 문하생인, 최항과 최해가 한 가지 기세이다."

嚆矢 hāoshǐ

효시 : 우는 화살

 풀이

시작, 기원을 의미한다.

출전 :《莊子·在宥》, "焉知曾史之不爲桀跖嚆矢也。"

번역 :《장자·재유》, "어찌 증삼(曾參)과 사추(史鰌)가 걸임금과 도척의 기원이 되지 않으리라고 알겠는가?"[사추(史鰌)는 춘추시대 위(衛)나라의 대부로, 자(字)가 자어(子魚)라서 사어(史魚)라고도 한다. 위나라 영공(靈公)이 거백옥(蘧伯玉)을 등용하지 않고 미자하(彌子瑕)를 임용하는 것을 간하다가 뜻을 이루지 못하자, 죽은 뒤에라도 임금을 깨우치기 위하여 예에 어긋나는 장례를

치르도록 유언하였다. 영공은 마침내 깨닫고 거백옥을 등용하고
미자하를 물리쳤다고 한다.]

好为人师(好爲人師) hào wéi rén shī

호위인사 : 남의 스승이 되기를 좋아하다.

 풀이

남을 훈계하고 지도하려는 태도를 비유한다.

출전 :《孟子·离娄上》, “人之患, 在好爲人師。”

번역 :《맹자·이루상》, “사람들의 병폐는 남의 스승이 되기를 좋아하
는 데에 있다.”

浩然之气(浩然之氣) hàorán zhī qì

호연지기 : 큰 용기

 풀이

공명정대한 도덕적 용기를 비유하는 말이다.

출전 :《孟子·公孫丑上》, “我善養吾浩然之氣。 … 其爲氣也, 至
大至剛, 以直養而無害, 則塞於天地之間。”

번역 :《맹자·공손추상》, “나는 나의 호연지기를 잘 기른다. … 그 기
의 본질은 지극히 크고 지극히 강하니, 정직으로 기르면서 해침
이 없으면 천지간에 꽉 차게 된다.”

和光同尘(和光同塵)　hé guāng tóng chén

화광동진 : 빛을 부드럽게 하고 티끌 속에 함께하다.

풀이

재능을 과시하지 않고 세속과 어울리는 것을 비유한다.

출전 :《老子·第四章》, "和其光, 同其塵。"

번역 :《노자·제 4장》, "그 빛을 부드럽게 하고, 그 티끌 속에 함께
한다."

涸轍之鮒(涸轍之鮒)　hé zhé zhī fù

학철지부 : 물이 마른 수레바퀴 자국 안의 붕어

풀이

곤경에 처하여 급히 구원이 필요한 상황을 비유하는 말이다.

출전 :《莊子·外物》, "周顧視車轍中, 有鮒魚焉。周問之曰, 鮒魚
來。子何爲者邪? 對曰, 我, 東海之波臣也。君豈有斗升之
水而活我哉? 周曰, 諾。我且南遊吳越之王, 激西江之水
而迎子, 可乎? 鮒魚忿然作色曰, 吾失我常與, 我無所處。
吾得斗升之水然活耳, 君乃言此, 曾不如早索我於枯魚之
肆!"

번역 :《장자·외물》, "내[장주(莊周)]가 수레바퀴 자국 안을 돌아봤더니
거기에 붕어가 있었습니다. 내가 그에게, '붕어야. 너는 어찌 된

것이냐?' 라고 물었더니, '나는 동해의 물고기입니다. 그대가 혹시 한 말이나 한 되의 물을 가지고 나를 살려 주시겠습니까?' 라고 말하였습니다. 내가, '좋다. 내가 우선 남쪽으로 가서 오나라와 월나라의 왕을 설득하여 서강의 물을 터서 너를 맞이하면 되겠는가?' 라고 하니, 붕어가 벌컥 성을 내며, '나는 내가 항상 있던 곳을 잃어 머물 곳이 없습니다. 나는 한 말이나 한 되의 물만 있으면 살 수 있을 텐데, 그대가 이렇게 말한다면 일찌감치 건어물 가게에서 나를 찾는 것이 훨씬 나을 것입니다.' 라고 하였습니다."

红娘(紅娘)　Hóngniáng

홍낭 : 인명

풀이

중매쟁이를 일컫는다.[홍낭(紅娘)은 당(唐) 원진(元稹)의 〈앵앵전(鶯鶯傳)〉에 나오는 최앵앵(崔鶯鶯)의 시녀로, 앵앵과 장생(張生)의 결합을 도왔다.]

鸿门宴(鴻門宴)　Hóngményàn

홍문연 : 홍문의 연회

풀이

상대를 해치려는 목적으로 마련한 연회를 가리키는 말이다.[기원전 206년, 유방(劉邦)이 진(秦)의 수도인 함양(咸陽)을 점령하였다. 얼마 후 항우(項羽)가 사십만 대군을 이끌고 홍문[지금의 섬

서성 임동(臨潼) 동쪽]에 군대를 주둔시킨 뒤, 유방을 초대하였다. 주연에서 항우의 모사인 범증(范增)이 항장(項莊)에게 칼춤을 추다가 기회를 틈타 유방을 죽이도록 하였다. 유방은 항백(項伯), 번쾌(樊噲) 등의 도움으로 겨우 탈출할 수 있었다.]

출전 :《史記 · 項羽本紀》, "項莊拔劍起舞, 項伯亦拔劍起舞, 常以身翼蔽沛公, 莊不得擊。於是張良至軍門, 見樊噲。樊噲曰, 今日之事何如? 良曰, 甚急。今者項莊拔劍舞, 其意常在沛公也。"

번역 :《사기 · 항우본기》, "항장이 칼을 뽑고 일어나 춤을 추자, 항백도 칼을 뽑고 일어나 춤을 추면서 계속 몸으로 패공을 막으니 항장이 칠 수 없었다. 이 때 장량이 군진(軍陣)의 입구에 이르러 번쾌를 만났다. 번쾌가, '오늘의 상황이 어떠합니까?'라고 묻자 장량이 대답하기를, '매우 급박합니다. 지금 항장이 칼을 뽑아 춤을 추는데, 그 의도가 내내 패공에 있습니다.'라고 하였다."

后生可畏(後生可畏)　hòushēng kě wèi

후생가외 : 후진들이 두려워할 만하다.

젊은이들의 무궁한 발전가능성을 가리킨다.

출전 :《論語 · 子罕》, "後生可畏, 焉知來者之不如今也。"

번역 :《논어 · 자한》, "후진들이 두려워할 만하니, 어찌 다음 사람들이 지금의 나만 못하다고 알겠는가?"

狐假虎威(狐假虎威)　hú jiǎ hǔ wēi

호가호위 : 여우가 호랑이의 위엄을 빌리다.

 풀이

남의 권세를 빌려 위세를 부리는 것을 비유한다.

출전 :《戰國策·楚策》, "子隨我後, 觀百獸之見我而敢不走乎! 虎
以爲然, 故遂與之行。獸見之皆走, 虎不知獸畏己而走也,
以爲畏狐也。"

번역 :《전국책·초책》, "'그대[호랑이]는 내[여우] 뒤를 따라 오면서,
모든 짐승들이 나를 보고 감히 달아나지 않는가를 보시오!' 호
랑이가 그럴듯하게 여겨 마침내 그와 함께 갔다. 짐승들이 보고
모두 달아나자, 호랑이는 짐승들이 자기를 두려워하여 달아난
것을 모르고 여우를 두려워하는 줄로 여겼다."

狐死首丘(狐死首丘)　hú sǐ shǒu qiū

호사수구 : 여우는 죽으면서 태어난 언덕으로 머리를 향한다.

 풀이

근본을 잊지 않음, 또는 고향을 그리워함을 비유한다.[여우는
밖에서 죽게 되면, 반드시 머리를 자신의 동굴 쪽으로 향한다고
한다.]

출전 :《禮記·檀弓上》, "古之人有言曰, 狐死正丘首, 仁也。"

 :《예기·단궁상》, "옛사람의 말에, '여우는 죽으면서 태어난
언덕 쪽으로 머리를 바로한다.'라고 하였는데, 어진 마음이
다."

虎视眈眈(虎視眈眈) hǔ shì dāndān

호시탐탐 : 호랑이의 시선처럼 노려보다.

풀이

탐욕과 야심을 가지고 기회를 노리는 것을 비유한다. 원래는 먹
이를 노리는 호랑이의 눈을 형용한 것으로, 위엄을 보인다는 뜻
이었다.

출전 :《周易·頤卦》, "虎視眈眈, 其欲逐逐, 无咎。"

번역 :《주역·이괘》, "호랑이의 시선이 노려보듯 하며[위엄을 유지하
며] 그 바라는 바가 계속 이어지면, 허물이 없을 것이다."

画龙点睛(畫龍點睛) huà lóng diǎn jīng

화룡점정 : 용을 그리고 눈동자를 찍어 넣다.

풀이

글을 짓거나 말을 할 때, 중요한 부분에서 핵심적인 말로 내용을
더욱 생동감 있게 하는 것을 비유한다.[양대(梁代)의 장승요(張僧
繇)가 금릉(金陵)의 안락사(安樂寺) 벽에 네 마리 용을 그린 일화
에서 비롯되었다.]

출전 : 唐 張彦遠,《歷代名畫記·張僧繇》, "金陵安樂寺, 四白龍,
不點眼睛。每云, 點睛卽飛去。人以爲妄誕, 固請。點之,
須臾雷電破壁, 兩龍乘雲騰去上天, 二龍未點眼者, 見在。"

번역 : 당 장언원,《역대명화기 · 장승요》, "금릉의 안락사에는 네 마리
의 흰 용이 눈동자가 찍혀 있지 않았다. (장승요는) 항상 말하기
를, '눈동자를 찍어 넣으면 바로 날아갈 것이다.'라고 하였다.
사람들은 허황되다고 여겨 굳이 요청하였다. 눈동자를 찍어 넣
자 갑자기 천둥 치고 벼락이 때려 벽을 부수면서 두 마리 용이
구름을 타고 하늘로 올라가고, 눈동자를 찍어 넣지 않은 두 마리
용은 지금도 남아 있다."

画皮(畫皮)　huàpí

화피 : 그림을 그린 가죽

풀이

아름다운 겉모습으로 흉악한 몰골이나 추악한 본질을 감추는 것
을 비유한다.[화피는 요괴가 미녀로 위장할 때 몸에 덮어쓰는 사
람 가죽이다.]

출전 : 淸 蒲松齡,《聊齋志異 · 畫皮》, "躡迹而窓窺之, 見一獰鬼。
面翠色, 齒巉巉如鋸。鋪人皮於榻上, 執采筆而繪之, 已而
擲筆, 擧皮, 如振衣狀。披於身, 遂化爲女子。"

번역 : 청 포송령,《요재지이 · 화피》, "따라가서 창문으로 엿보니, 한
흉악한 귀신이 보였다. 얼굴은 푸른색이고 이는 험악하기가 톱

니 같았다. 상 위에 사람 가죽을 펴놓고 채색 붓을 잡고 그림을
그리는데, 잠시 후 붓을 던지고 가죽을 드는데 옷을 터는 모습과
같았다. 몸에 걸치자 마침내 여자로 변하였다."

画蛇添足(畵蛇添足) huà shé tiān zú

화사첨족 : 뱀을 그리고 발을 첨가하다.

 풀이

불필요한 일을 하여 도리어 손해 보는 것을 비유한다. '위사첨족
(为蛇添足)', 또는 '사족(蛇足)'이라고도 한다.

출전 :《戰國策·齊策》, "楚有祠者, 賜其舍人卮酒。舍人相謂曰,
數人飮之, 不足, 一人飮之, 有餘, 請畫地爲蛇, 先成者飮
酒。一人蛇先成, 引酒且飮之, 乃左手持卮, 右手畫蛇曰,
吾能爲之足。未成, 一人之蛇成, 奪其卮曰, 蛇固無足, 子
安能爲之足? 遂飮其酒。爲蛇足者, 終亡其酒。"

번역 :《전국책·제책》, "초나라에 제사를 지낸 사람이 있었는데, 아랫사
람들에게 술을 내려주었다. 그들이 서로 말하기를, '여러 사람이
마시기에는 부족하고 한 사람이 마시기에는 넉넉하니, 땅에 뱀을
그려 먼저 완성하는 사람이 술을 마시도록 하자.'라고 하였다. 한
사람이 뱀을 먼저 완성하고 술을 가져다 마시려다가, 왼손으로 술
잔을 잡고 오른손으로 뱀을 그리면서, '나는 뱀의 발도 그릴 수 있
다.'라고 하였다. 아직 완성하지 못했는데 한 사람이 뱀을 다 그리
고서 그 잔을 빼앗으며, '뱀은 원래 발이 없는데, 당신은 어떻게 그

발을 그릴 수 있다는 것이요?' 라고 하고 마침내 그 술을 마셔버렸
다. 뱀의 발을 그린 사람은 결국 그 술을 마시지 못했다."

患得患失 huàn dé huàn shī

환득환실 : 얻을 것을 걱정하고 잃을 것을 걱정하다.

 풀이

개인적인 이해 득실을 지나치게 따지는 것을 가리킨다.

출전 :《論語・陽貨》, "其未得之也, 患得之, 旣得之, 患失之。"

번역 :《논어・양화》, "그가 아직 얻지 못했을 때에는 얻을 것을 걱정하
고, 얻고 나서는 잃을 것을 걱정한다."

黄粱梦(黃粱夢) huángliángmèng

황량몽 : 메조밥을 짓는 사이의 꿈

풀이

허황된 일, 또는 이룰 수 없는 욕망을 비유한다. '황량미몽(黃粱
美夢)', '일침황량(一枕黃粱)'이라고도 한다.[노생(盧生)이 한단
(邯鄲)의 여관에서 여옹(呂翁)이라는 도사를 만났는데, 자신의
곤궁을 탄식하자 도사가 베개를 주면서 베고 자라고 하였다. 그
때 여관에서는 마침 메조밥을 짓고 있었다. 노생은 꿈에서 한평생
의 부귀영화를 누렸다. 깨어 보니 메조밥은 아직 다 익지도 않았
다고 한다.]

개원칠년 도사유려옹자 득신선술
출전 : 唐 沈既濟, 〈枕中記〉, "開元七年, 道士有呂翁者, 得神仙術,
행한단도중 식저사 아견려중소년 내로생야 내
行邯鄲道中, 息邸舍。… 俄見旅中少年, 乃盧生也。… 乃
장탄식왈 대장부생세불해 곤여시야 옹내탐낭중침이
長歎息曰, 大丈夫生世不諧, 困如是也 … 翁乃探囊中枕以
수지왈 자침오침 당령자영적여지
授之曰, 子枕吾枕, 當令子榮適如志。"

번역 : 당 심기제, 〈침중기〉, "개원[開元, 당 현종(玄宗)의 연호, 713-741] 7년에, 도사인 여옹이라는 사람이 신선술을 터득하였는데 한단의 길을 가다가 여관에서 쉬게 되었다. … 우연히 여행하던 젊은이를 만났는데 노생이라는 사람이었다. … (그가) 길게 탄식하면서, '대장부가 세상에 살면서 때를 만나지 못하고 곤궁함이 이러합니다.' 라고 하였다. … 여옹이 이에 바랑 속에서 베개를 꺼내 그에게 주면서 '그대가 내 베개를 베고 자면 틀림없이 그대를 뜻과 같이 영달하고 행복하게 해 줄 것이다.' 라고 하였다."

火眼金睛 huǒ yǎn jīn jīng

화안금정 : 불에 쬔 눈과 금 눈동자

풀이

진위(眞僞)를 식별할 수 있는 안목을 비유하는 말이다.[손오공이 팔괘로(八卦爐) 안에서 단련 받을 때, 화로의 연기를 쬐어 두 눈이 붉어졌다. 그 뒤로 각종의 요괴와 마귀를 식별할 수 있었다고 한다.]

로군도도솔궁 장대성해거
출전 : 明 吳承恩, 《西遊記》 第七回, "老君到兜率宮, 將大聖解去

繩索，放了穿琵琶骨之器，推入八卦爐中，命看爐的道人，
架火的童子，將火煽起煅煉。原來那爐是乾坎艮震巽离坤
兌八卦。他卽將身鑽在巽宮位下。巽乃風也，有風則無火。
只是風攬得烟來，把一双眼熏紅了。”

번역 : 명 오승은, 《서유기》제 7회, “노군이 도솔궁에 이르러 손오공에
게서 포승줄을 풀고 어깨뼈에 박힌 기구를 빼 준 뒤, 팔괘로 안에
밀어 넣고는 화로를 담당한 도인과 불을 지피는 동자에게 명하여
불을 피워 단련시키도록 하였다. 본래 그 화로는 건·감·간·
진·손·리·곤·태의 팔괘로였다. 그[손오공]는 몸을 손궁(巽
宮) 자리 아래에 두었다. 손은 바로 바람이라서 바람이 있으면
불이 없다. 다만 바람이 연기를 불어 대어 두 눈을 붉게 하였다.”

禍起蕭墻(禍起蕭牆) huò qǐ xiāoqiáng

화기소장 : 화가 담 안에서 시작되다.

풀이

화근이 내부에 있음을 비유한다.[‘소장(蕭牆)’은 밖에서 집안이
보이지 않도록 대문 안에 세운 담이다.]

출전 :《論語·季氏》, “吾恐季孫之憂, 不在顓臾, 而在蕭牆之內也。”

번역 :《논어·계씨》, “내가 염려하건대, 계손씨(季孫氏)의 우환은 전
유[노(魯)나라의 부용국]에 있지 않고 담 안에 있도다.”

禍不单行(禍不單行)　huò bù dān xíng

화불단행 : 화는 홀로 다니지 않는다.

풀이

불행한 일이 겹쳐서 일어나는 것을 비유한다.

출전 : 諺語, "福無雙至, 禍不單行。"

번역 : 속담, "복은 쌍으로 이르지 않고, 화는 홀로 다니지 않는다."

鸡口牛后(鷄口牛後)　jī kǒu niú hòu

계구우후 : 닭의 입과 소의 뒤

풀이

규모가 큰 곳에서 남의 지배를 받는 것보다, 규모가 작은 곳에서 주인 노릇을 하는 것이 낫다는 말이다. '계시우종(鷄尸牛從)'이라고도 한다.

출전 :《戰國策·韓策》, "寧爲鷄口, 無爲牛後。"

번역 :《전국책·한책》, "차라리 닭의 입이 될지언정 소의 뒤가 되지 말라."

鸡肋(鷄肋)　jīlèi

계륵 : 닭의 갈비

풀이

큰 가치는 없지만 버리기엔 아까운 것을 비유한다.

출전 :《後漢書·楊修傳》, "夫雞肋, 食之則無所得, 棄之則如可惜。"

[번역] :《후한서·양수전》, "무릇 닭갈비란 먹자니 얻는 것이 없고, 버리자니 아까운 것 같다."

积羽沉舟(積羽沉舟)　jī yǔ chén zhōu

적우침주 : 쌓인 깃털이 배를 가라앉힌다.

풀이

사소한 일이라도 방치하면 심각한 결과를 초래할 수 있음을 비유한다.

[출전] :《戰國策·魏策》, "臣聞, 積羽沉舟, 群輕折軸, 衆口鑠金。"

[번역] :《전국책·위책》, "신은 '쌓인 깃털이 배를 가라앉히고, 가벼운 것도 많으면 차축을 끊으며, 많은 사람의 입은 쇠도 녹인다.'라고 들었습니다."

集大成　jí dàchéng

집대성 : 모아서 크게 이루다.

풀이

이전의 성취를 아울러 하나의 완성된 체계를 이루는 것을 비유한다.

[출전] :《孟子·萬章下》, "伯夷, 聖之淸者也, 伊尹, 聖之任者也, 柳下惠, 聖之和者也。孔子, 聖之時者也。孔子之謂集大成。"

[번역] : 《맹자·만장하》, "백이는 성인 가운데 청고(淸高)했던 자이고, 이윤은 성인 가운데 (천하에 대한 책임을) 자임(自任)했던 자이고, 유하혜는 성인 가운데 화합(和合)했던 자이다. 공자는 성인 가운데 시중(時中)했던[때에 맞게 했던] 자이다. (그래서) 공자를 일러 '집대성'이라고 하는 것이다."

及时(及時) jíshí

급시 : 때에 미치다.

 풀이

때에 맞게 조치하거나 행동하는 것을 가리킨다.

[출전] : 《周易·乾卦·文言傳》, "君子進德修業, 欲及時也。"
（군자진덕수업, 욕급시야）

[번역] : 《주역·건괘·문언전》, "군자가 덕을 향상시키고 학업을 닦는 것은 때에 미치고자 함이다."

及时行乐(及時行樂) jí shí xíng lè

급시행락 : 제때에 즐기다.

 풀이

기회가 왔을 때 즐기는 것을 일컫는다.

[출전] : 〈古詩十九首〉, "爲樂當及時, 何能待來茲。"
（위락당급시, 하능대래자）

[번역] : 〈고시십구수〉, "즐거움을 누리는 것은 제때에 할 것이니, 어찌 다음을 기다리겠는가?"

价值连城(價值連城) ☞ 连城
jiàzhí lián chéng ☞ liánchéng

가치연성 ☞ **연성**

坚壁清野(堅壁淸野)　jiān bì qīng yě

견벽청야 : 성벽을 견고히 하고 들을 비우다.

주위에 적이 이용할 수 있는 물자를 치우고 성을 방어하는 작전을 일컫는다.

출전 :《後漢書·荀彧傳》, “堅壁淸野, 以待將軍。將軍攻之不拔, 掠之無獲, 不出一旬, 則十萬之衆, 未戰而自困矣。”

번역 :《후한서·순욱전》, “성벽을 견고히 하고 들을 비운 채, 장군을 기다렸습니다. 장군이 공격해도 함락시키지 못하고 뺏어도 얻는 것이 없다면, 10일을 넘기지 못하고 10만의 군사가 싸우기도 전에 저절로 지칠 것입니다.”

见仁见智(見仁見智)　jiàn rén jiàn zhì

견인견지 : 인으로 보고 지로 본다.

같은 문제에 대해서 사람마다 견해가 다름을 가리킨다.

출전 : 《周易·系辭上》, “仁者見之謂之仁, 知者見之謂之知。”

번역 : 《주역·계사상》, “인자한 사람은 그것을 보고서 ‘인(仁)’이라 하고, 지혜로운 사람은 그것을 보고서 ‘지(知)’라고 한다.”[‘지(智)’의 원래 글자는 ‘지(知)’이다.]

见危授命(見危授命) jiàn wēi shòu mìng

견위수명 : 위태로움을 보고 목숨을 바치다.

풀이

위급한 시기에 대의를 위하여 자신을 바치는 희생정신을 일컫는다.

출전 : 《論語·憲問》, “見利思義, 見危授命, 久要不忘平生之言, 亦可以爲成人矣。”

번역 : 《논어·헌문》, “이익을 보고 의를 생각하고, 위태로움을 보고 목숨을 바치며, 오래된 약속에 대해 평소에 했던 말을 잊지 않는다면, 또한 완성된 사람이 될 수 있을 것이다.”

见异思迁(見異思遷) jiàn yì sī qiān

견이사천 : 다른 것을 보고 생각이 바뀌다.

풀이

의지가 굳지 못함을 비유한다.

출전 : 《管子·小匡》, “少而習焉, 其心安焉, 不見異物而遷焉。”

[번역] : 《관자·소광》, "어려서부터 익숙해진 것에는 마음이 편안하여, 다른 것을 보고도 생각이 옮겨 가지 않는다."

箭在弦上　jiàn zài xuán shàng

전재현상 : 화살이 활시위에 있다.

풀이

하던 일이나 꺼낸 말이 멈출 수 없는 지경에 이르렀음을 비유한다.

[출전] : 北齊 魏收,《魏書》, "陳琳作檄, 草成, 呈太祖。太祖先苦頭風, 是日疾發, 臥讀琳所作, 翕然而起, 曰, 此愈我疾病。太祖平鄴, 謂陳琳曰, 君昔爲本初作檄書, 但罪孤而已, 何乃上及父祖乎? 琳謝曰, 矢在弦上, 不得不發。太祖愛其才, 不咎。"

[번역] : 북제 위수,《위서》, "진림이 격문을 지어 원고가 완성되자 조조에게 보냈다.[당시에 진림은 원소(袁紹)의 휘하에 있었다.] 조조는 원래 두통으로 고생하였는데, 이 날 병이 도져서 누운 채 진림의 글을 읽다가 벌떡 일어나 말하기를, '이것이 나의 병을 낫게 하였다.' 라고 하였다. 조조가 업 지역을 평정한 뒤, 진림에게 말하였다. '그대가 전에 본초[원소의 자이다.]를 위하여 격문을 지을 때, 나를 비난하였으면 그만이지 어찌 위로 우리 조상까지 언급하였는가?' 진림이 사죄하며 말하기를, '화살이 활시위에 있어서 쏘지 않을 수 없었습니다.' 라고 하였다. 조조가 그의 재능을 아껴 허물하지 않았다."

将计就计(將計就計)　jiāng jì jiù jì

장계취계 : 계책으로 계책을 이루다.

풀이

상대방의 계책을 이용하여 상대를 다루는 것을 가리킨다.

출전 : 《三國演義》第十八回, "賈詡料知曹操之意, 欲將計就計而行。"

번역 : 《삼국연의》 제 18회, "가후는 조조의 의도를 헤아려 알고, 상대방의 계책을 이용하여 자신의 계책을 이루어 나가려고 하였다."

胶柱鼓瑟(膠柱鼓瑟)　jiāo zhù gǔ sè

교주고슬 : 안족(雁足)을 아교로 붙여놓고 거문고를 연주하다.

풀이

변통할 줄 모르는 것을 비유한다.

출전 : 《史記・廉頗藺相如列傳》, "王以名使括, 若膠柱而鼓瑟耳。括徒能讀其父書傳, 不知合變也。"

번역 : 《사기・염파인상여열전》, "전하께서 명성으로[소문만 듣고] 조괄(趙括)을 보내시는 것은, 안족을 아교로 붙여놓고 거문고를 연주하는 것과 같습니다. 조괄은 단지 자기 부친[조사(趙奢)]의 책을 읽을 수 있을 뿐, 때에 맞추어 변통할 줄을 모릅니다."

教学相长(教學相長) jiāo xué xiāng zhǎng

교학상장 : 가르침과 배움이 서로 (자신을) 발전하게 하다.

풀이

가르침과 배움이 모두 자신을 향상시킨다는 의미이다. 지금은 주로, 가르치고 배우면서 교사와 학생이 서로를 향상시킨다는 뜻으로 쓰인다.

출전 : 《禮記·學記》, "學然後知不足, 教然後知困。知不足, 然後能自反也, 知困, 然後能自强也。故曰教學相長也。"

번역 : 《예기·학기》, "배운 뒤에 부족함을 알고, 가르친 뒤에 곤란함을 안다. 부족함을 안 뒤에 자신을 돌이켜볼 수 있고, 곤란함을 안 뒤에 스스로 힘쓸 수 있다. 그래서 가르침과 배움이 서로 발전하게 한다고 하는 것이다."

嗟来之食(嗟來之食) jiē lái zhī shí

차래지식 : "저런, 와서 먹어라."하는 음식

풀이

모욕적으로 베푸는[무례한] 선심을 가리킨다.

출전 : 《禮記·檀弓下》, "齊大饑, 黔敖爲食於路, 以待餓者而食之。有餓者蒙袂輯屨, 貿貿然來。黔敖左奉食, 右執飲曰, 嗟! 來食。揚其目而視之曰, 予唯不食嗟來之食以至於斯也。從而謝焉, 終不食而死。"

번역 : 《예기·단궁하》, "제나라에 크게 기근이 들자 검오가 길에서 음식을 만들어 굶주린 사람에게 먹였다. 한 굶주린 사람이 소매로 얼굴을 가린 채 신발을 끌고 비틀거리며 왔다. 검오가 왼손으로 먹을 것을 들고 오른손으로 마실 것을 든 채, '저런, 와서 먹어라.'라고 하였다. 그가 눈을 치켜뜨고 바라보며, '나는 '저런, 와서 먹어라.'라고 하는[무례하게 대접하는] 음식을 먹지 않아서 이 지경이 되었소.'라고 하였다. 이에 사과하였지만 끝내 먹지 않고 죽었다."

结草(結草) jiécǎo

결초 : 풀을 묶다.

풀이

죽은 뒤에도 은혜를 갚는 것을 가리킨다.

출전 : 《左傳·宣公十五年》, "魏武子有嬖妾, 無子。武子疾, 命顆曰, 必嫁是。疾病則曰, 必以爲殉。及卒, 顆嫁之曰, 疾病則亂, 吾從其治也。及輔氏之役, 顆見老人結草, 以亢杜回。杜回躓而顚, 故獲之。夜夢之, 曰, 余, 而所嫁婦人之父也。爾用先人之治命, 余是以報。"

번역 : 《좌전·선공 15년》, "위무자[위주(魏犨)]에게 사랑하는 첩이 있었는데, (첩에게는) 자식이 없었다. 무자가 병이 들자 (아들) 과에게, '이 여자를 꼭 시집보내거라.'라고 하였다. 병이 심해지자, '꼭 함께 묻어 다오.'라고 하였다. (위무자가) 죽자 과는 그녀를 시집보내면서, '병이 심하면 (정신이) 혼란해지니, 나는 정신이

맑으셨을 때의 말씀을 따르겠다.' 라고 하였다. 보씨 땅의 전투에
서 과는 어떤 노인이 풀을 묶어 두회를 막는 것을 보았다. 두회
는 걸려 넘어졌고 그래서 그를 사로잡았다. 밤에 꿈을 꾸었는데,
(그 노인이) 말하기를, '나는 당신이 시집보낸 여자의 아버지입
니다. 당신이 선친의 맑은 정신일 때의 명을 따랐기에, 제가 그
래서 보답한 것입니다.' 라고 하였다."

结发(結髮)　jiéfà

결발 : 머리를 묶다.

 풀이

처음으로 결혼하는 것을 비유한다.

출전 : 发妻(髮妻) fàqī 참조

桀犬吠尧(桀犬吠堯)　Jié quǎn fèi Yáo

걸견폐요 : 걸왕의 개가 요임금을 향해 짖다.

 풀이

나쁜 사람의 앞잡이가 되어 훌륭한 사람을 해치는 것을 비유한다.

출전 :《漢書·鄒陽傳》, "桀之犬, 可使吠堯, 跖之客, 可使刺由。"

번역 :《한서·추양전》, "걸왕의 개로 하여금 요임금을 향해 짖게 할 수
있고, 도척의 자객으로 하여금 허유(許由)를 찌르게 할 수 있습
니다."

解铃系铃(解鈴繫鈴)　jiě líng xì líng

해령계령 : 방울을 푸는 것은 방울을 맨 자가 해야 한다.

 **풀이**

문제를 야기한 사람이 그 문제를 해결해야 함을 비유한다. "해령환수계령인(解鈴還須繫鈴人).[방울을 푸는 데에는 맨 사람이 필요하다.]"이라고도 한다.

출전 : 宋 惠洪, 《林間集》, "一日, 法眼問大衆曰, 虎項下金鈴, 何人解得? 衆無以對。泰欽適至, 法眼擧前語問之。泰欽曰, 大衆何不道, 繫者解得。"

번역 : 송 혜홍,《임간집》, "하루는 법안화상이 여러 사람들에게, '호랑이 목에 달린 쇠방울을 누가 풀 수 있겠는가?' 라고 묻자 모두 대답하지 못했다. 마침 태흠선사가 오자 법안은 앞의 말을 가지고 그에게 물었다. 태흠선사는, '여러분은 어찌 맨 사람이 풀 수 있다고 말하지 않았습니까?' 라고 하였다."

解民倒悬(解民倒懸)　jiě mín dào xuán

해민도현 : 백성들을 거꾸로 매달아 놓은 데에서 풀어 주다.

 **풀이**

백성들을 고통스럽고 위험한 상황에서 구출해 주는 것을 비유한다.

출전 :《孟子·公孫丑上》, "當今之時, 萬乘之國行仁政, 民之悅之,

犹解倒懸也。"

[번역] :《맹자・공손추상》, "이 때에 만승의 나라가 어진 정치를 한다면,
백성들이 기뻐함은 거꾸로 매달아 놓은 것을 풀어 주는 것과 같
을 것이다."

金兰(金蘭)　jīnlán

금란 : 쇠와 난초

풀이

본래는 깊은 우정을 가리켰는데, 후에는 의형제를 맺는 것을 의미
하는 말로 쓰이게 되었다.

[출전] :《周易・系辭上》, "二人同心, 其利斷金, 同心之言, 其臭如蘭。"
[번역] :《주역・계사상》, "두 사람이 마음을 함께하니 그 날카로움은 쇠
를 자르고, 마음을 함께하는 사람들의 말은 그 향기가 난초와
같다."

尽善尽美(盡善盡美)　jìn shàn jìn měi

진선진미 : 지극히 훌륭하고 지극히 아름답다.

풀이

더할 수 없이 좋은 것을 비유한다.

[출전] :《論語・八佾》, "子謂韶, 盡美矣, 又盡善也, 謂武, 盡美矣,

未盡善也。"

번역 :《논어·팔일》, "공자가 소[韶, 순(舜)임금의 음악]에 대해, 지극히 아름답고 지극히 훌륭하다고 하고, 무[武, 무왕(武王)의 음악]에 대해, 지극히 아름다우나 지극히 훌륭하지는 않다고 하였다."

进退维谷(進退維谷)　jìn tuì wéi gǔ

진퇴유곡 : 나아가나 물러가나 오직 골짜기뿐이다.

 풀이

곤란한 지경에 처해 있음을 비유하는 말이다.

출전 :《詩經·大雅·桑柔》, "朋友已譖, 不胥以穀。人亦有言, 進退維谷。"

번역 :《시경·대아·상유》, "친구들도 이제 믿지 않아, 서로 좋게 지내지 않는다. 사람들이 또한 말했듯이, 나아가나 물러가나 오직 골짜기뿐이로다."

近水楼台(近水樓臺)　jìn shuǐ lóu tái

근수루대 : 물에 가까운 누대

 풀이

어떤 사람이나 어떤 사물과 가까움으로 인하여, 먼저 이익을 얻거나 유리한 위치를 차지하는 것을 비유한다.

출전 : 宋 蘇麟, 詩句, "近水樓臺先得月, 向陽花木易爲春。"

번역 : 송 소린, 시구, "물에 가까운 누대가 먼저 달빛을 받고, 양지를 향한 꽃나무가 쉽게 봄을 맞는다."

近朱者赤, 近墨者黑(近朱者赤, 近墨者黑)
jìn zhū zhě chì, jìn mò zhě hēi

근주자적, 근묵자흑 : 붉은 먹을 가까이하는 자는 붉어지고, 검은 먹을 가까이하는 자는 검어진다.

풀이

좋은 사람과 가까이하면 좋게 변하고, 나쁜 사람과 가까이하면 나쁘게 변함을 비유한다. 환경이나 여건의 중요성을 강조하는 말이다.

출전 : 晉 傅玄, 〈太子少傅箴〉, "近朱者赤, 近墨者黑。聲和則響淸, 形正則影直。"

번역 : 진 부현, 〈태자소부잠〉, "붉은 먹을 가까이 하는 자는 붉어지고, 검은 먹을 가까이 하는 자는 검어집니다. 소리가 조화로우면 울림이 맑고 몸이 반듯하면 그림자가 곧습니다."

惊弓之鸟(驚弓之鳥) jīng gōng zhī niǎo

경궁지조 : 활에 놀란 새

어떤 일에 놀라서 안정을 찾지 못하는 것을 비유한다.

출전 : 《晉書·王鑒傳》, "黷武之衆易動, 驚弓之鳥難安。"

번역 : 《진서·왕감전》, "전쟁에 자주 동원된 사람들은 동요하기 쉽고, 활에 놀란 새는 안정되기 어렵다."

精卫填海(精衛塡海)　jīngwèi tián hǎi

정위전해 : 정위새가 바다를 메우다.

큰 원한을 간직한 채 반드시 복수하려는 마음을 지니고 있음을 비유한다. 어려움을 두려워하지 않고 힘써 맞서는 자세를 비유하기도 한다.

출전 : 《山海經·北山經》, "炎帝之少女, 名曰女娃。女娃游于東海, 溺而不返。故爲精衛, 常銜西山之木石, 以堙于東海。"

번역 : 《산해경·북산경》, "염제의 어린 딸은 이름이 여와였다. 여와가 동해에서 수영을 하다가 물에 빠져 돌아오지 못했다. 그래서 정위새가 되었는데, 항상 서산의 나무와 돌을 물어다가 동해를 메워 넣었다."

井底之蛙(井底之蛙)　jǐng dǐ zhī wā

정저지와 : 우물 바닥의 개구리

 풀이

견문이 좁아 아는 것이 없는 사람을 비유한다.

출전 :《莊子·秋水》, "井蠅不可以語於海者, 拘於虛也。"

번역 :《장자·추수》, "우물 안의 개구리와 바다에 대해 이야기할 수 없
는 것은, 처해 있는 곳에 구속되어 있기 때문이다."['허(虛)'는
허(墟)'와 같은 자이다.]

敬而远之(敬而遠之) jìng ér yuǎn zhī

경이원지 : 공경하되 멀리하다.

 풀이

조심하면서 가까이 하지 않음, 또는 꺼려 멀리하는 것을 가리킨다.

출전 :《論語·雍也》, "務民之義, 敬鬼神而遠之, 可謂知矣。"

번역 :《논어·옹야》, "사람의 도리를 힘쓰며 귀신을 공경하되 멀리하
면, 지혜롭다고 할 만하다."

镜花水月(鏡花水月) jìng huā shuǐ yuè

경화수월 : 거울 속의 꽃과 물 속의 달

풀이

허망한 것을 비유하는 말이다.

출전 : 唐 裴休, 〈唐故左街僧錄內供奉三敎談論引駕大德安國寺上座
賜紫方袍大達法師元秘塔碑銘〉, "崢嶸棟梁, 一旦而摧。水
月鏡像, 無心去來。"

번역 : 당 배휴, 〈당고좌가승록내공봉삼교담론인가대덕안국사상좌사자
방포대달법사원비탑비명〉, "우뚝하던 대들보, 하루 아침에 부러
졌네. 물 속의 달과 거울 속의 모습만이 무심히 오고 가는구나."

径庭(徑庭) ☞ 大相径庭
jìngtíng ☞ dà xiāng jìngtíng

경정 ☞ 대상경정

九牛一毛 jiǔ niú yī máo

구우일모 : 아홉 마리의 소 가운데 털 한 올

풀이

아주 작고 하찮은 것을 비유하는 말이다.

출전 : 漢 司馬遷, 〈報任少卿書〉, "假令僕伏法受誅, 若九牛亡一毛,
與螻蟻何以異。"

번역 : 한 사마천, 〈보임소경서〉, "가령 제가 법에 따라 죽음을 당한다
하더라도 아홉 마리의 소 가운데 털 한 올이 없어지는 것과 같으
며, 땅강아지나 개미와 무엇이 다르겠습니까?"

旧雨(舊雨)　jiùyǔ

구우 : 옛날의 비

풀이

옛 친구를 비유하는 말이다.

출전 : 唐 杜甫, 〈秋述〉, "秋, 杜子臥病長安旅次, 多雨生魚, 靑苔及楊。常時車馬之客, 舊, 雨來, 今, 雨不來。"

번역 : 당 두보, 〈추술〉, "가을에 내가 장안에서 병으로 누워 나그네로 지내는데, 비가 많이 와서 물고기가 생기고 푸른 이끼가 걸상에 까지 끼었다. 항시 수레 타고 오던 손님들이, 전에는 비가 내려도 왔는데 지금은 비가 내리니 오지 않는다."

鞠躬尽瘁(鞠躬盡瘁)　jū gōng jìn cuì

국궁진췌 : 몸을 굽히고 온 힘을 다하다.

풀이

나라를 위해 온 힘을 바치는 것을 비유한다.

출전 : 三國 蜀 諸葛亮, 〈後出師表〉, "臣, 鞠躬盡瘁, 死而後已。"

번역 : 삼국 촉 제갈량, 〈후출사표〉, "신은 몸을 굽히고 온 힘을 다할 것이며, 죽은 뒤에야 그만둘 것입니다."

举案齐眉(擧案齊眉)　jǔ àn qí méi

거안제미 : 밥상을 들어 눈썹과 나란히 하다.

풀이

부부간에 존경하는 것을 비유한다.[후한(後漢) 양홍(梁鴻)의 부인 맹광(孟光)의 고사이다.]

출전 :《後漢書·梁鴻傳》, "妻爲具食, 不敢於鴻前仰視, 擧案齊眉。"

번역 :《후한서·양홍전》, "아내가 양홍을 위해 밥을 차려올 때, 양홍의 앞에서 감히 올려보지도 못하고 상을 들어 눈썹과 나란히 하였다."

举一反三(擧一反三)　jǔ yī fǎn sān

거일반삼 : 하나를 들어 주면 세 가지를 돌이키다.

풀이

한 가지를 알려 주면 유추하여 다른 상황에도 적용하여 아는 것을 가리킨다. '우반(隅反)', 또는 '거우(擧隅)'라고도 한다.

출전 :《論語·述而》, "擧一隅, 不以三隅反, 則不復也。"

번역 :《논어·술이》, "한 귀퉁이를 들어 주었는데 세 귀퉁이를 돌이키지 못하면, 다시 가르쳐 주지 않는다."

卷土重来(捲土重來) juǎn tǔ chóng lái

권토중래 : 흙먼지를 말면서 다시 오다.

 **풀이**

실패한 뒤에 힘을 키워 다시 쳐들어오는 것을 비유한다.

출전 : 唐 杜牧, 〈題烏江亭〉, "江東子弟多才俊, 捲土重來未可知。"

번역 : 당 두목, 〈제오강정〉, "강동의 젊은이들은 뛰어난 이들이 많으니, 흙먼지를 말면서 다시 올 지도 알 수 없었을 텐데."

绝无仅有(絕無僅有) jué wú jǐn yǒu

절무근유 : 아예 없거나 조금 있다.

풀이

매우 적은 것을 가리킨다.

출전 : 宋 蘇軾, 〈上皇帝書〉, "改過不吝, 從善如流。此堯舜禹湯之所勉强而力行, 秦漢以來之所絕無而僅有。"

번역 : 송 소식, 〈상황제서〉, "잘못을 고치는 것을 인색하게 하지 않고, 선을 따르는 것을 물 흐르듯이 해야 합니다. 이것은 요임금·순임금·우임금·탕임금도 애쓰고 힘써 한 것으로, 진한 이래로는 거의 없는 일입니다."

开宗明义(開宗明義) kāi zōng míng yì

개종명의 : 종지(宗旨)를 열고 도리를 밝히다.

풀이

말을 하거나 글을 지을 때, 도입부에서 주된 의미를 밝히는 것을 가리킨다.['개종명의'는《효경(孝經)》제 1장의 편명이다.]

刻舟求剑(刻舟求劍) kè zhōu qiú jiàn

각주구검 : 뱃전을 새겨 놓고 칼을 찾다.

풀이

고정된 틀에 갇혀 변화에 제대로 대처하지 못함을 비유한다.

출전 :《呂氏春秋・察今》, "楚人有涉江者。其劍自舟中墜於水, 遽契其舟曰, 是吾劍之所從墜。舟止, 從其所契者, 入水求之。舟已行矣, 而劍不行, 求劍若此, 不亦惑乎。"

번역 :《여씨춘추・찰금》, 초나라 사람 중에 강을 건너는 자가 있었다. 그의 칼이 배에서 물로 떨어지자, 바로 뱃전을 새겨 표시를 하면

서, '여기가 내 칼이 떨어진 곳이다.'라고 하였다. 배가 멈추자 새겨 놓은 곳에서 물로 들어가 칼을 찾았다. 배는 이미 움직였으나 칼은 움직이지 않았는데, 이렇게 칼을 찾는다면 또한 미혹된 것이 아니겠는가?"

空谷足音 kōng gǔ zú yīn

공곡족음 : 빈 골짜기의 발소리

 풀이

기다리던 기쁜 소식을 비유하는 말이다.

출전 :《莊子·徐无鬼》, "夫逃虛空者, 藜藋柱乎鼪鼬之逕, 踉位其空, 聞人足音跫然而喜矣。"

번역 :《장자·서무귀》, "텅 빈 골짜기로 도망친 사람은, 잡초가 족제비의 길을 막은 그런 외진 곳에 오래 있다보면, 사람의 발소리가 울리는 것만 들어도 기뻐하게 된다."

空空如也 kōngkōng rú yě

공공여야 : 텅 빈 듯하다.

풀이

아는 것이 없음을 비유한다.

출전 :《論語·子罕》, "有鄙夫問於我, 空空如也, 我叩其兩端而

竭焉。"

번역 :《논어 · 자한》, "어떤 천한 사람이 나에게 질문을 하는데 텅 빈 듯 아무 것도 모르더라도, 나는 양 끝을 두드려서 다 일러 준다."

空穴来风(空穴來風) kōng xué lái fēng

공혈래풍 : 빈틈으로 바람이 들어오다.

풀이

빈틈이 있어야 바람이 들어오듯이, 까닭 없는 소문이란 없음을 비유한다.

출전 : 戰國 楚 宋玉, 〈風賦〉, "枳句來巢, 空穴來風。"

번역 : 전국 초 송옥, 〈풍부〉, "탱자나무의 굽은 곳에 새둥지가 생기고, 빈틈으로 바람이 들어온다."

孔方兄 kǒngfāngxiōng

공방형 : 구멍이 네모난 형님

풀이

동전을 해학적으로 표현한 말이다.

출전 :《漢書 · 食貨志下》, "錢圜函方。"

번역 :《한서 · 식화지하》, "동전은 둥글고 안에 네모를 지니고 있다."

口蜜腹剑(口蜜腹劍)　kǒu mì fù jiàn

구밀복검 : 입은 꿀 같으나 배에는 칼이 있다.

 **풀이**

말은 부드럽게 하지만 속으로 나쁜 마음을 지니고 있음을 비유한다.

출전 :《資治通鑑·唐紀·玄宗天寶元年》, "李林甫, 口有蜜, 腹有劍。"

번역 :《자치통감·당기·현종 천보 원년》, "이림보는 입에는 꿀이 있지만, 배에는 칼이 있다."

口若悬河(口若懸河)　kǒu ruò xuán hé

구약현하 : 입이 폭포와 같다.

 **풀이**

언변이 좋은 것을 비유한다. '구사현하(口似悬河)'라고도 한다.

출전 : 南朝 宋 劉義慶,《世說新語·賞譽》, "郭子玄, 語議如懸河瀉水, 注而不竭。"

번역 : 남조 송 유의경,《세설신어·상예》, "곽자현[자현(子玄)은 서진(西晋) 곽상(郭象)의 자이다.]은 말과 의논이 폭포에서 물이 쏟아지는 것과 같아, 아무리 부어도 다함이 없다."

口是心非　kǒu shì xīn fēi

구시심비 : 입으로는 옳다고 하지만 마음으로는 그르다고 여기다.

 풀이

말하는 것과 마음이 일치하지 않음을 비유한다.

출전 : 晋 葛洪, 《抱朴子·微旨》, "口是心非, 背向異辭。"

번역 : 진 갈홍, 《포박자·미지》, "입으로는 옳다고 하지만 마음으로는 그르다고 여기며, 등졌을 때와 면대했을 때 말을 달리한다."

口头禅(口頭禪). kǒutóuchán

구두선 : 입으로 하는 참선

풀이

입에 발린 말을 비유한다.[입으로 선종의 이치를 말하면서 실행하지 않거나, 말마다 선종의 교리를 들먹이는 행위를 비판하는 표현이다.]

출전 : 宋 王桝, 〈臨終〉, "平生不學口頭禪, 脚踏實地性虛天。"

번역 : 송 왕무, 〈임종〉, "평소에 입에 발린 말을 배우지 않았고, 발로 실제의 땅을 밟으며 빈 하늘을 본성으로 하였다."

口血未干(口血未乾) kǒu xuè wèi gān

구혈미건 : 입에 묻은 피가 아직 마르지 않았다.

풀이

약속한 지가 얼마 지나지 않았음을 비유한다.[옛날에 맹약을 할 때에는 희생으로 잡은 짐승의 피를 나누어 마시거나 입 주변에 발라 배반하지 않을 것임을 보였다. 이를 '삽혈(歃血)'이라고 한다.]

출전 :《左傳·襄公九年》, "子孔子蟜曰, 與大國盟, 口血未乾而背之, 可乎。"

번역 :《좌전·양공 9년》, "자공과 자교가 말하기를, '대국과 맹약을 하고, 입에 묻은 피가 아직 마르지도 않았는데 배반하면 되겠습니까?'라고 하였다."

夸父追日(夸父追日)　Kuāfù zhuī rì

과보추일 : 과보가 해를 좇다.

풀이

결심이 큰 것을 비유한다. 자신의 분수를 모르고 덤비는 것을 비유하는 말로도 쓰인다.

출전 :《山海經·海外北經》, "夸父與日逐走, 入日。渴欲得飲, 飲于河渭。河渭不足, 北飲大澤, 未至, 道渴而死。"

번역 :《산해경·해외북경》, "과보가 해와 달리기 경주를 하는데, 해가 들어갔다. 갈증으로 물을 마시고 싶어 황하와 위수의 물을 마셨다. 황하와 위수의 물이 부족하여, 북쪽으로 대택의 물을 마시러 가다 도착하기 전에 중간에서 목이 말라 죽었다."

膾炙人口(脍炙人口)　kuài zhì rén kǒu

회자인구 : 사람들의 입에 회나 구운 고기와 같다.

평판이 좋아 여러 사람의 입에 오르내리는 것을 비유한다.

출전 : 五代　王定保,《唐摭言·載應不捷聲價日振》, "李濤, 長沙人也。篇詠甚著, 如水聲長在耳, 山色不離門, … 皆膾炙人口。"

번역 : 오대 왕정보,《당척언·재응불첩성가일진》, "이도는 장사 사람이다. 지은 작품이 매우 유명하였으니, 예를 들면 '물소리는 항상 귓가에 있고, 산 경치는 문을 떠나지 않는다'와 같은 것들로, … 모두가 사람들의 입에 회자되었다."

滥觞(濫觴) lànshāng

남상 : 잔을 띄우다.

시작, 기원을 의미한다.

[출전] :《荀子・子道》, "昔者江出於岷山。其始出也, 其源可以濫觴, 及其至江之津也, 不放舟, 不避風, 則不可涉也。"

[번역] :《순자・자도》, "옛날에 양자강은 민산에서 출발하였다. 그것이 처음 출발할 때 그 수원(水源)은 잔을 띄울 수 있을 정도지만, 그것이 강의 나루에 이르게 되면 배를 나란히 엮지 않거나 바람을 피하지 않으면 건널 수 없다."['방(放)'은 방(方)'의 뜻으로, 두 척의 배를 엮는 것이다.]

滥竽充数(濫竽充數) làn yú chōng shù

남우충수 : 불필요한 피리가 수를 채우다.

재능이 없으면서 잘 하는 사람들 사이에 섞여 수를 채우는 것을

비유한다. 혹은 좋지 않은 물건을 좋은 것 속에 몰래 넣어 남을 속이는 것을 비유한다.

출전 :《韓非子·內儲說上》, "齊宣王使人吹竽, 必三百人。南郭處士請爲王吹竽, 宣王說之, 鹿食以數百人。宣王死, 湣王立, 好一一聽之, 處士逃。"

번역 :《한비자·내저설상》, "제나라 선왕이 사람들에게 피리를 불게 하는데, 반드시 삼백 명을 갖추었다. 남곽처사가 왕을 위해 피리를 불겠다고 하자 선왕은 좋아하였고, (이렇게) 녹봉을 준 것이 수백 명이었다. 선왕이 죽고 민왕이 즉위하였는데, 한 사람씩 연주하는 것을 듣기를 좋아하자 처사는 달아났다."

劳而无功(勞而無功) láo ér wú gōng

노이무공 : 힘만 들고 공이 없다.

풀이

고생스럽기만 하고 효과가 없는 것을 가리킨다.

출전 :《莊子·天運》, "今蘄行周于魯, 是猶推舟于陸也。勞而無功, 身必有殃。"

번역 :《장자·천운》, "지금 주나라의 제도를 노나라에 적용하려고 하는 것은 육지에서 배를 미는 것과 같습니다. 힘만 들고 효과가 없으며 자신에게는 반드시 재앙이 있을 것입니다."

老当益壮(老當益壯)　lǎo dāng yì zhuàng

노당익장 : 늙을수록 더욱 장대한 뜻을 지녀야 한다.

 풀이

늙어서도 뜻이 왕성해야 함을 비유한다.

출전 :《後漢書·馬援傳》, “丈夫爲志, 窮當益堅, 老當益壯。”

번역 :《후한서·마원전》, “사나이가 뜻을 실천함에, 어려울수록 더욱 굳세고 늙을수록 더욱 장대해야 한다.”

老骥伏枥(老驥伏櫪)　lǎo jì fú lì

노기복력 : 늙은 천리마가 마판에 엎드려 있다.

 풀이

뜻이 있는 사람은 늙어서도 여전히 원대한 포부를 지니고 있음을 비유한다.

출전 : 三國 魏 曹操, 〈步出夏門行〉, “老驥伏櫪, 志在千里, 烈士暮年, 壯心不已。”

번역 : 삼국 위 조조, 〈보출하문행〉, “늙은 천리마는 마판에 엎드려 있어도 뜻은 천리를 달리는 데에 있고, 열사는 늙은 나이에도 장대한 마음이 그치지 않는다.”

老马识途(老馬識途)　lǎo mǎ shí tú

노마식도 : 늙은 말이 길을 알다.

 풀이

나이가 들어도, 경험이 있기 때문에 가치 있는 일을 할 수 있음을
비유한다.

출전 :《韓非子・說林上》, “管仲隰朋, 從於桓公而伐孤竹。春往冬
反, 迷惑失道。管仲曰, 老馬之智可用也. 乃放老馬而隨之,
遂得道。”

번역 :《한비자・설림상》, “관중과 습붕이 환공을 따라 고죽국을 정벌
하였다. 봄에 갔다가 겨울에 돌아오는데, 헤매다 길을 잃었다.
관중이, ‘늙은 말의 지혜를 이용할 만합니다.’ 라 하고, 늙은 말
을 풀어 놓고 따라가서 마침내 길을 찾았다.”

乐不思蜀(樂不思蜀) lè bù sī Shǔ

낙불사촉 : 즐거워서 촉나라가 그립지 않다.

풀이

즐거워서 돌아갈 것을 잊음을 가리킨다. 혹은 즐거워서 근본을 망
각한 것을 비유한다.[촉(蜀)나라가 망한 후, 후주(後主) 유선(劉
禪)은 위(魏)나라 수도인 낙양(洛陽)에 안치되었다. 촉땅이 그리
운지를 묻는 사마소(司馬昭)에게 유선이 대답한 말이다.[阿斗 Ā
Dǒu 참조]

출전 :《三國志・蜀志・後主傳》注, “王問禪曰, 頗思蜀否? 禪曰,
此間樂, 不思蜀。”

번역 :《삼국지・촉지・후주전》 주, “사마소가 유선에게, ‘자못 촉이

그립겠지요?' 라고 묻자 유선은 '이곳이 즐거워, 촉나라가 그립
지 않습니다.' 라고 대답하였다."

累卵　lěiluǎn

누란 : 쌓인 계란

 풀이

지극히 위태로운 상황을 비유하는 말이다. '위여루란(危如累卵)'
이라고도 한다.

출전 :《韓非子·十過》, "曹, 小國也, 而迫於晉楚之間, 其君之危,
猶累卵也。"

번역 :《한비자·십과》, "조는 작은 나라인데 진나라와 초나라 사이에
서 핍박받았으니, 그 임금의 위태로움은 쌓인 계란과 같았다."

礼尚往来(禮尙往來)　lǐ shàng wǎnglái

예상왕래 : 예절에서는 오고 가는 것을 숭상한다.

풀이

예를 갖추는 데에는 베풂과 보답이 중요함을 일컫는 말이다.

출전 :《禮記·曲禮上》, "太上貴德, 其次務施報, 禮尙往來。往而
不來, 非禮也, 來而不往, 亦非禮也。"

번역 :《예기·곡례상》, "태고의 시대[삼황오제(三皇五帝)의 시대]에

는 덕[베풂]을 귀하게 여겼는데, 그 다음[요순(堯舜) 이후]에는
베풂과 보답에 힘써, 예에서 오고 가는 것을 숭상하였다. 갔는
데 오지 않는 것은 예가 아니고, 왔는데 가지 않는 것도 예가 아
니다.”

礼贤下士(禮賢下士)　lǐ xián xià shì

예현하사 : 어진이를 예우하고 선비에게 겸허하다.

풀이

인재를 예우하는 위정자의 태도를 비유한다.

출전 :《新唐書·李勉傳》, “禮賢下士有終始。嘗引李巡張參在幕
府, 後二人卒, 至宴飲, 仍設虛位沃饋之。”

번역 :《신당서·이면전》, “어진이를 예우하고 선비에게 겸허히 대함이
한결같았다. 일찍이 이순과 장참을 데려다가 막부에 있게 하였
는데, 나중에 두 사람이 죽었어도, 잔치 자리에서 술을 마실 때
에는 여전히 빈 자리를 마련하고 술을 부어 주었다.”

立锥之地(立錐之地)　lì zhuī. zhī dì

입추지지 : 송곳을 세울 만한 땅

풀이

극히 좁은 지역을 비유하는 말이다.

출전 :《史記·留侯世家》, “今秦失德棄義, 侵伐諸侯社稷, 滅六國

之後, 使無立錐之地。”

번역 :《사기·유후세가》, “지금 진나라는 덕을 잃고 의를 저버린 채, 제후국들을 침략하여 6국의 후사(後嗣)를 없애 버려, 송곳을 세울 만한 땅도 없게 만들었습니다.”

连城(連城)　liánchéng

연성 : 여러 개의 성

풀이

귀한 가치가 있는 것을 비유하는 말이다. ‘연성벽(連城璧)’ 또는 ‘연성옥(連城玉)’이라고도 한다.[원래 진(秦)나라가 조(趙)나라에게 15개의 성과 바꾸기로 약속했던 화씨벽(和氏璧)의 가치를 일컫는 말이었다.]

출전 :《史記·廉頗藺相如傳》, “趙惠文王時, 得楚和氏璧。秦昭王聞之, 使人遺趙王書, 願以十五城請易璧。”

번역 :《사기·염파인상여전》, “조나라 혜문왕 때에, 초나라의 화씨벽을 얻었다. 진나라 소왕이 그 소식을 듣고 사람을 시켜 조왕에게 편지를 보내, 15개의 성과 벽옥을 바꾸고 싶다고 하였다.”

连城璧(連城璧) ☞ 连城
liánchéngbì ☞ liánchéng

연성벽 ☞ 연성

梁上君子　liáng shàng jūnzǐ

양상군자 : 들보 위의 군자

 풀이

도둑을 비유하는 말이다. [한(漢)나라 때, 진식(陳寔)의 집에 도둑이 들어 들보 위에 숨어 있었다. 진식이 그를 일컬어 '양상군자(梁上君子)'라고 하였다.]

출전 :《後漢書·陳寔傳》, "時歲荒, 民儉。有盜夜其室, 止於梁上。寔陰見, 乃起自整拂, 呼命子孫, 正色訓之曰, 夫人不可不自勉。不善之人未必本惡, 習以性成, 遂至於此, 梁上君子者, 是矣。盜大驚, 自投於地, 稽顙歸罪。"

번역 :《후한서·진식전》, "이 해에 흉년이 들어 백성들이 어려웠다. 도둑이 밤중에 그의 집에 들어 들보 위에 숨어 있었다. 진식이 남몰래 보고는 일어나 의관을 갖추고 자손들을 불러 정색하며 훈계하기를, '무릇 사람이란 스스로 힘쓰지 않으면 안 된다. 선하지 못한 사람도 본래 악했던 것이 아니고 습관이 본성으로 굳어져 마침내 이 지경에 이른 것이니, 들보 위의 군자 같은 이가 그렇다.'라고 하였다. 도둑이 크게 놀라 스스로 바닥에 내려와, 이마를 땅에 대고 죄를 빌었다."

两袖清风(兩袖清風)　liǎng xiù qīngfēng

양수청풍 : 두 소매의 맑은 바람

 풀이

청렴함을 비유하는 말이다.

출전 : 元 魏初, 〈送楊季海〉, "交親零落鬢如絲, 兩袖清風一束詩。"

번역 : 원 위초, 〈송양계해〉, "벗들과 친척도 멀어졌고 귀밑머리는 셌는데, 두 소매의 맑은 바람과 한 묶음의 시뿐이로다."

量入为出(量入爲出) liàng rù wéi chū

양입위출 : 수입을 헤아려 지출을 정하다.

풀이

수입에 입각하여 비용을 정하는 국가의 재정 정책을 일컫는다. 후에는 가정과 개인의 경우에까지 쓰이게 되었다.

출전 : 《禮記·王制》, "冢宰制國用, 必於歲之杪。五穀皆入, 然後制國用, … 量入以爲出。"

번역 : 《예기·왕제》, "총재가 나라의 비용을 정하는 것은 반드시 연말에 한다. 오곡이 모두 들어온 뒤에 나라의 비용을 제정하는데, … 수입을 헤아려 지출을 정한다."

临渴掘井(臨渴掘井) lín kě jué jǐng

임갈굴정 : 목이 마르자 샘을 파다.

일에 임박하여 대책을 강구하는 것을 비유한다.

출전 : 《素問·四氣調神大論》, "夫病已成而後藥之, 亂已成而後治之, 譬猶渴而穿井, 鬪而鑄錐, 不亦晚乎。"

번역 : 《소문·사기조신대론》, "대저 병이 이미 진행된 뒤에 약을 처방하고 어지러움이 이미 완성된 후에 다스리는 것은, 비유하자면 목이 마르자 샘을 파고, 싸우게 되자 화살을 만드는 것과 같으니, 이미 늦지 않겠는가?"

临深履薄(臨深履薄)　lín shēn lǚ bó

임심리박 : 깊은 연못에 다가서 있고, 얇은 얼음을 밟고 있다.

조심하고 삼가는 것을 비유한다.

출전 : 《詩經·小雅·小旻》, "戰戰兢兢, 如臨深淵, 如履薄氷。"

번역 : 《시경·소아·소민》, "두려워하고 조심하여, 깊은 연못에 다가서 있는 듯이 하고, 얇은 얼음을 밟고 있는 듯이 한다."

临渊羡鱼(臨淵羡魚)　lín yuān xiàn yú

임연선어 : 연못에 다가서서 물고기를 탐내다.

바라기만 하고 행동하지 않으면 일을 이루지 못함을 비유한다.
'임하선어(臨河羨魚)', 또는 '임천선어(臨川羨魚)'라고도 한다.

출전 :《淮南子·說林訓》, "臨河而羨魚, 不若歸家織網。"

번역 :《회남자·설림훈》, "황하에 다가서서 물고기를 탐내는 것보다는
집에 돌아가서 어망을 짜는 것이 낫다."

流金铄石(流金鑠石) liú jīn shuò shí

유금삭석 : 쇠를 흐르게 하고 돌을 녹이다.

풀이

날씨가 매우 더운 것을 비유한다. '삭석류금(铄石流金)'이라고도
한다.

출전 :《楚辭·招魂》, "十日代出, 流金鑠石些。彼皆習之, 魂往必
釋些。歸來兮! 不可以託些。"

번역 :《초사·초혼》, "열 개의 해가 교대로 나와 쇠를 흐르게 하고 돌
을 녹인다. 저들은 모두 익숙해졌지만 혼백은 가면 반드시 녹을
것이다. 돌아오라! 머물 수가 없도다."

流水不腐 liú shuǐ bù fǔ

유수불부 : 흐르는 물은 썩지 않는다.

 풀이

계속 움직여야 녹슬지 않음을 비유한다.

출전 : 《呂氏春秋·盡數》, "流水不腐, 戶樞不螻, 動也。"

번역 : 《여씨춘추·진수》, "흐르는 물이 썩지 않고, 문지도리가 좀먹지 않는 것은 움직이기 때문이다."

龙马精神(龍馬精神)　lóngmǎ jīngshén

용마정신 : 용마정신

 풀이

왕성한 정신을 비유하는 말이다.

출전 : 唐 李郢, 〈上裴晋公〉, "四朝憂國鬢如絲, 龍馬精神海鶴姿。"

번역 : 당 이영, 〈상배진공〉, "네 임금에 걸쳐 나라 걱정하느라 귀밑머리는 흰 실 같아졌지만, 왕성한 정신과 바다 학의 자태로다."

垄断(壟斷)　lǒngduàn

농단 : 언덕이 끊어진 곳, 가파른 언덕

풀이

원래는 시장 근처의 가파른 언덕을 일컫는 말이었는데, 후에는 이 곳에 올라 시장의 흐름을 살피고 매매를 독점하는 것을 가리키게 되었다.

출전 : 《孟子·公孫丑下》, "必求龍斷而登之, 以左右望而罔市利。"

번역 : 《맹자·공손추하》, "반드시 가파른 언덕을 찾아 올라가서, 좌우로 보고 시장의 이익을 그물질한다."['룡(龍)'은 롱(壟)'과 통용]

庐山真面目(廬山眞面目) ☞ 真面目
Lúshān zhēnmiànmù ☞ zhēnmiànmù

여산진면목 ☞ **진면목**

罗掘(羅掘)　luójué

나굴 : 그물을 치고 구멍을 파다.

풀이

모든 방법을 동원하여 물자를 조달하는 것을 비유한다. 원래는, 성이 포위되어 양식이 떨어지자 그물을 쳐서 참새를 잡고 구멍을 파서 쥐를 잡아 배를 채우는 궁핍한 상황을 가리키는 말이었다.

출전 : 《新唐書·張巡傳》, "至羅雀掘鼠, 煮鎧弩以食。"

번역 : 《신당서·장순전》, "그물을 쳐서 참새를 잡고 구멍을 파서 쥐를 잡아먹으며, 갑옷과 활을 삶아서 먹기까지 하였다."

洛阳纸贵(洛陽紙貴)　Luòyáng zhǐ guì

낙양지귀 : 낙양의 종이 값이 비싸지다.

지은 글이 널리 유행하는 것을 가리킨다. '낙양지가귀(洛阳紙价贵)'라고도 한다.[진(晉)나라의 좌사(左思)가 〈삼도부(三都賦)〉를 지었는데, 문장이 뛰어나 베끼는 사람들이 많았다. 낙양의 종이 값이 이 때문에 올랐다고 한다.]

출전 :《晋書·文苑傳》, "豪貴之家競相傳寫, 洛陽爲之紙貴。"

번역 :《진서·문원전》, "귀족 집안에서 다투어 베껴, 낙양에서 이 때문에 종이 값이 비싸졌다."

马齿徒增(馬齒徒增)　mǎ chǐ tú zēng

마치도증 : 말의 나이만 그저 늘었다.

풀이

헛되이 세월만 보내고 성취가 없었음을 비유하는 말이다. 주로 자신에 대한 겸사로 쓰인다.

출전 :《穀梁傳·僖公二年》, "荀息, 牽馬操璧, 而前曰, 璧則犹是也, 而馬齒加長矣。"

번역 :《곡량전·희공 2년》, "순식이 말을 끌고 벽옥을 지닌 채 앞으로 나와 말하기를, '벽옥은 오히려 이와 같은데[여전한데], 말의 나이만 그저 늘었습니다.' 라고 하였다."

马革裹尸(馬革裹屍)　mǎ gé guǒ shī

마혁과시 : 말가죽으로 시체를 싸다.

풀이

전쟁터에서 죽는 것을 비유한다.

 : 《後漢書·馬援傳》, "男兒要當死於邊野, 以馬革裹屍還葬耳,
何能臥牀上在兒女子手中邪。"

번역 : 《후한서·마원전》, "사나이는 마땅히 전쟁터에서 죽어 말가죽으로 시체를 싼 채 돌아와 장사지내질 일이지, 어찌 침상에 누워 아녀자의 손안에 있을 수 있겠는가!"

买椟还珠(買櫝還珠)　mǎi dú huán zhū

매독환주 : 함만 사고 진주는 돌려주다.

풀이

본질을 버리고 말단을 쫓거나, 안목이 없어 취사선택이 올바르지 못함을 비유한다.

출전 : 《韓非子·外儲說左上》, "楚人有賣其珠於鄭者。爲木蘭之櫝, 薰以桂椒, 綴以珠玉, 飾以玫瑰, 輯以翡翠。鄭人買其櫝而還其珠。"

번역 : 《한비자·외저설좌상》, "초나라 사람 중에 정나라에서 진주를 파는 자가 있었다. 목란으로 된 함을 만들었는데, 계초[육계(肉桂)와 산초(山椒)로, 모두 고급 향료이다.]로 향기를 입히고, 구슬을 매달았으며, 옥으로 장식하고, 비취를 엮었다. 정나라 사람은 그 함만 사고 진주는 돌려주었다."

盲人瞎马(盲人瞎馬)　mángrén xiāmǎ

맹인할마 : 소경과 애꾸눈 말

 풀이

상황이 매우 위태로움을 비유하는 말이다.

 출전 : 南朝 宋 劉義慶,《世說新語·排調》, "盲人騎瞎馬, 夜半臨
深池。"

번역 : 남조 송 유의경,《세설신어·배조》, "소경이 애꾸눈 말을 타고,
한밤중에 깊은 연못에 다가가다."

毛遂自荐(毛遂自薦) ☞ 脱穎而出
Máo Suì zì jiàn ☞ tuō yǐng ér chū

모수자천 ☞ 탈영이출

矛盾　máodùn

모순 : 창과 방패

풀이

말이나 행동이 서로 상충되는 것을 비유한다.

출전 :《韓非子·難一》, "楚人有鬻楯與矛者。譽之曰, 吾楯之堅,
物莫能陷也。又譽其矛曰, 吾矛之利, 於物無不陷也。或曰,
以子之矛, 陷子之楯, 何如? 其人弗能應也。"

번역 :《한비자·난일》, "초나라 사람 중에 방패와 창을 파는 자가 있
었다. 방패를 자랑하여 말하기를, '내 방패는 견고하여 어떤 것

도 구멍 낼 수가 없다.'라고 하였다. 또 자기의 창을 자랑하여 말하기를, '내 창은 날카로워 어떤 것도 뚫리지 않는 것이 없다.'라고 하였다. 어떤 사람이, '당신의 창으로 당신의 방패를 찌른다면 어떻게 될까요?'라고 물었다. 그 사람은 대답할 수 없었다."

每况愈下(每況愈下) měi kuàng yù xià

매황유하 : 매번 상황이 더욱 내려간다.

풀이

상황이 갈수록 나빠지는 것을 일컫는다. 원래는 '매하유황(每下愈況)'이라고 하였다.

출전 :《莊子·知北遊》, "東郭子問於莊子曰, 所謂道, 惡乎在？莊子曰, 無所不在。東郭子曰, 期而後可。莊子曰, 在螻蟻。曰, 何其下邪？曰, 在稊稗。曰, 何其愈下邪？曰, 在瓦甓。曰, 何其愈甚邪？曰, 在屎溺。東郭子不應。莊子曰, 夫子之問也, 固不及質。正獲之問於監市履狶也, 每下愈況。汝唯莫必, 無乎逃物。"

번역 :《장자·지북유》, "동곽자가 장자에게, '이른바 도라는 것이 어디에 있습니까?'라고 물었다. 장자가, '있지 않은 곳이 없습니다.'라고 하자, 동곽자가 '(구체적으로) 가리켜 준 뒤에야 알 수 있겠습니다.'라고 하였다. 장자가 '개미에게 있습니다.'라고 하자, '어쩌면 그렇게 내려갑니까?'라고 하였다. 장자가 '돌피에

있습니다.’라고 하자, ‘어쩌면 그렇게 더욱 내려갑니까?’라고 하였다. 장자가 ‘벽돌에 있습니다.’라고 하자, ‘어쩌면 그렇게 더욱 심합니까?’라고 하였다. 장자가 ‘똥오줌에 있습니다.’라고 하자 동곽자가 대꾸하지 않았다. 장자가 ‘그대의 질문은 본질에 이르지 않았습니다. 시의 책임자인 획[獲, 인명]이 시장의 백장 우두머리에게 돼지의 비육에 대해 물을 때, 아래쪽으로 내려갈수록 더욱 (비육의 정도가) 비교되는 것입니다. 당신은 단정하지 말 것이니, (도는) 어느 것에서도 벗어나지 않습니다.’라고 하였다.”

门可罗雀(門可羅雀)　mén kě luó què

문가라작 : 문에 참새 그물을 칠 수 있다.

풀이

오는 손님이 없음을 비유한다.

출전 : 《史記·汲鄭列傳》, 翟公爲廷尉, 賓客闐門。及廢, 門外可設雀羅。”

번역 : 《사기·급정열전》, “책공이 정위일 때, 빈객이 문에 가득하였다. 그만두게 되자 문 밖에 참새 그물을 칠 수 있었다.”

门庭若市(門庭若市)　mén tíng ruò shì

문정약시 : 문과 뜰이 시장 같다.

 풀이

사람이 많이 모이는 것을 비유한다.

출전 :《戰國策·齊策》, "下令, 羣臣吏民, 能面刺寡人之過者, 受上賞, 上書諫寡人者, 受中賞, 能謗議於市朝, 聞寡人之耳者, 受下賞。令初下, 羣臣進諫, 門庭若市。"

번역 :《전국책·제책》, "(왕이) 명을 내려, '모든 신하와 관리 및 백성 가운데 나의 잘못을 면전에서 비판할 수 있는 자는 최고의 상을 받고, 글을 올려 나에게 간하는 자는 중간의 상을 받고, 저잣거리에서 비방하여 나의 귀에 들리게 할 수 있는 자는 최하의 상을 받을 것이다.'라고 하였다. 명령이 막 내려가자 모든 신하들이 간언을 올리는데, 문과 뜰이 시장과 같았다."

孟浪　mènglàng

맹랑 : 허망하다

 풀이

황당무계함을 비유하는 말이다.

출전 :《莊子·齊物論》, "夫子以爲孟浪之言, 而我以爲妙道之行也。"

번역 :《장자·제물론》, "공자는 허망한 말이라고 여겼지만, 저는 오묘한 도의 길이라고 생각합니다."

孟母三迁(孟母三遷)　Mèng mǔ sān qiān

맹모삼천 : 맹자의 어머니가 세 번 이사하다.

 풀이

자식의 교육을 위해 힘쓰는 태도를 비유한다.

출전 : 漢 劉向, 《列女傳·母儀》, "鄒孟軻之母也, 號孟母, 其舍近墓。孟子之少也, 嬉遊爲墓間之事, 踊躍築埋。孟母曰, 此非吾所以居處子也, 乃去舍市傍。其嬉戱爲賈人衒賣之事。孟母又曰, 此非吾所以居處子也, 復徙舍學宮之傍。其嬉遊乃設俎豆揖讓進退。孟母曰, 眞可以居吾子矣, 遂居之。"

번역 : 한 유향, 《열녀전·모의》, "추나라 맹가의 어머니는 맹모라고 불렸는데, 그 집이 공동묘지에 가까웠다. 맹자가 어렸을 때, 장난치고 노는 것은 뛰고 구르고 쌓고 메우는 등의 장례 지내는 일이었다. 맹모는, '이곳은 내가 자식을 머물게 할 곳이 아니다.'라고 말하고 그곳을 떠나 시장 근처에 살았다. 맹자가 장난치고 노는 것은 상인들이 소리치며 물건을 파는 일이었다. 맹모는 또, '이곳은 내가 자식을 머물게 할 곳이 아니다.'라고 말하고 다시 학교 근처로 옮겨 살았다. 맹자가 장난치고 노는 것은 제기를 벌려 놓은 채, 절하고 겸양하며 나아가고 물러나는 것이었다. 맹모가 말하기를, '진실로 내 자식을 머물게 할 만하다.'라고 하고 마침내 그 곳에서 살았다."

米珠薪桂　mǐ zhū xīn guì

미주신계 : 쌀은 진주이고 땔감은 계수이다.

풀이

물가가 아주 비싼 것을 형용하는 말이다.

출전 : 《戰國策·楚策》, "楚國之糧貴于玉, 薪貴于桂。",

번역 : 《전국책·초책》, "초나라는 양식이 진주보다 비싸고, 땔감은 계
수나무보다 비싸다."

面壁　miànbì

면벽 : 벽을 향하다.

풀이

참선하는 것을 가리킨다. 후에는 학업에 전념하는 것을 비유하는
말로도 쓰이게 되었다.

출전 : 《五燈會元·東土祖師·菩提達磨大師》, "當魏孝明帝孝昌三
年也, 寓止于嵩山少林寺, 面壁而坐, 終日默然。"

번역 : 《오등회원·동토조사·보리달마대사》, "(달마는) 북위(北魏)
효명제 효창 3년[527년]에, 숭산의 소림사에 머물며 벽을 마주
하고 앉아서 종일토록 말을 하지 않았다."

灭此朝食(滅此朝食)　miè cǐ zhāoshí

멸차조식 : 이들을 섬멸하고 아침 식사를 하겠다.

풀이

적을 제압하고자 하는 강한 의지를 비유한다.

출전 :《左傳·成公二年》, “余姑翦滅此, 而朝食。”

번역 :《좌전·성공 2년》, “나는 우선 이들을 섬멸하고 아침 식사를 하
겠다.”

螟蛉　mínglíng

명령 : 명충

풀이

양아들을 가리킨다.[나나니벌은 명충을 잡아다가 자기의 유충에
게 먹이는데, 사람들이 착각하여 명충을 데려가서 키우는 것으로
여긴 데에서 비롯된 뜻이다.]

출전 :《詩經·小雅·小宛》, “螟蛉有子, 蜾蠃負之。”

번역 :《시경·소아·소완》, “명충이 새끼가 있는데, 나나니벌이 그것
을 지고 간다.”

名落孙山(名落孫山)　míng luò Sūn Shān

명락손산 : 이름이 손산의 아래로 떨어졌다.

시험에 낙방한 것을 완곡하게 표현하는 말이다.

출전 : 宋 範公偁,《過庭錄》, "孫山, 滑稽才子也。赴擧他郡, 鄕人
託以子偕往。鄕人子失意, 山綴榜末, 先歸。鄕人問其子得
失, 山曰, 解名盡處是孫山, 賢郎更在孫山外。"

번역 : 송 범공칭,《과정록》, "손산은 유머가 뛰어난 사람이었다. 다른
지역에 과거를 보러 가는데 마을 사람이 자기 아들과 함께 가도
록 부탁하였다. 마을 사람의 아들은 뜻을 이루지 못했고, 손산은
시험에 꼴찌로 붙고서 먼저 돌아왔다. 마을 사람이 자기 아들의
합격 여부를 묻자, 손산은 "방에 붙은 마지막이 저이고, 당신 아
드님은 저의 다음에 있었습니다."라고 하였다."

名山事业(名山事業)　míngshān shìyè

명산사업 : 명산의 사업

책을 저술하여 후세에 남기는 것을 일컫는 말이다. '장지명산(藏
之名山)'이라고도 한다.

출전 :《史記·太史公自序》, "厥協六經異傳, 整齊百家雜語, 藏之
名山, 副在京師, 俟後世聖人君子。"

번역 :《사기·태사공자서》, "육경과, 다른 해설을 모으고 제자백가의
잡다한 말을 정리하여, (정본은) 명산에 간직하고 부본은 경사
[수도]에 두어 후세의 성인 군자를 기다린다."

明镜高悬(明鏡高懸)　míng jìng gāo xuán

명경고현 : 밝은 거울이 높이 걸려 있다.

풀이

법관의 판결이 공정하고 엄격함을 비유한다. '진경고현(秦镜高悬)'이라고도 한다.['명경(明鏡)'은 원래 진시황이 가지고 있던 거울로, 사람 마음의 선악을 비춰 볼 수 있었다고 한다.]

출전 : 漢 劉歆,《西京雜記》卷三, "有方鏡, 廣四尺, 高五尺九寸, 表裏有明。人直來照之, 影則倒見, 以手捫心而來, 則見腸胃五臟, 歷然無礙。人有疾病在內, 則掩心而照之, 則知病之所在。又女子有邪心, 則膽張心動, 秦始皇常以照宮人, 膽張心動者, 則殺之。"

번역 : 한 유흠,《서경잡기》권 3, "네모난 거울이 있는데, 가로가 4척이고 높이가 5척 9촌이며 안과 밖으로 밝았다. 사람이 곧게 다가가 비춰 보면 모습이 거꾸로 보였고, 손으로 가슴을 쓰다듬으며 다가가면 창자와 위, 오장이 보이는데 그대로 드러나 막힘이 없었다. 사람이 속에 병이 있어 가슴을 감싸고 비추면 병이 있는 곳을 알게 되었다. 또한 여자가 나쁜 마음을 가지고 있으면 담이 긴장하고 심장이 뛰는데, 진시황은 항상 궁녀들을 비춰 보고 담이 긴장하고 심장이 뛰는 자는 죽였다."

明日黄花(明日黃花)　míngrì huánghuā

명일황화 : 다음 날의 국화꽃

제때가 지난 것을 비유하는 말이다.[명일(明日)은 중양절(重陽節) 다음 날을 가리킨다. 중양절이 지난 뒤에는 국화가 마르고 시들어 더 이상 보고 즐길 만하지 못하다는 데에서 비롯되었다.]

출전 : 宋 蘇軾, 〈九日次韻王鞏〉, "相逢不用忙歸去, 明日黃花蝶也愁。"

번역 : 송 소식, 〈구일차운왕공〉, "서로 만났으니 돌아갈 것을 서두르지 말지니, 내일의 국화꽃에 나비도 마음아파할 텐데."

明哲保身　míng zhé bǎo shēn

명철보신 : 총명하고 지혜롭게 자신을 보호하다.

복잡한 일에 연루되기 싫어하고, 자신의 이익만을 추구하는 태도를 가리킨다. 원래는 지혜로운 사람은 자신을 잘 보호한다는 뜻이었다.

출전 : 《詩經·大雅·烝民》, "旣明且哲, 以保其身。夙夜匪解, 以事一人。"

번역 : 《시경·대아·증민》, "총명하고도 지혜로워 자기 자신을 보호한다. 밤낮으로 게으르지 않음으로써 한 사람[천자]을 섬긴다."

鸣鼓而攻之(鳴鼓而攻之)　míng gǔ ér gōng zhī

명고이공지 : 북을 울리며 공격하다.

 **풀이**

공개적으로 죄상을 드러내어 성토하는 것을 가리킨다.

출전 :《論語・先進》, "季氏富於周公, 而求也, 爲之聚斂而附益之。子曰, 非吾徒也, 小子, 鳴鼓而攻之, 可也。"

번역 :《논어・선진》, "계손씨(季孫氏, 노나라의 대부)가 주공보다도 부유한데, 염구(冉求, 공자의 제자)가 그를 위해 세금을 거두어 보태 주었다. (이에) 공자가, '우리의 무리가 아니니, 너희들은 북을 울리며 공격해도 좋다.' 라고 하였다."

磨杵成针(磨杵成針) ☞ 铁杵磨成针
mó chǔ chéng zhēn ☞ tiě chǔ mó chéng zhēn

마저성침 ☞ **철저마성침**

莫逆(莫逆)　mònì

막역 : 거슬리는 것이 없다.

 **풀이**

서로 뜻이 맞는 친구 사이를 가리킨다.

출전 :《莊子・大宗師》, "(子祀・子輿・子犁・子來) 四人相視而

笑，莫逆於心。遂相與爲友。"

[번역] :《장자・대종사》, "(자사・자여・자리・자래) 네 사람이 서로 보고 웃으면서 마음에 거슬리는 것이 없었다. 마침내 서로 벗이 되었다."

没世不忘　mò shì bù wàng

몰세불망 : 돌아가셨어도 잊지 못하다.

풀이

은덕을 잊지 못하는 것을 비유한다. '몰치불망(沒齒不忘)'이라고도 한다.

[출전] :《禮記・大學》, "君子賢其賢而親其親，小人樂其樂而利其利，此以沒世不忘也。"

[번역] :《예기・대학》, "군자는 그분들[주(周)의 문왕(文王)과 무왕(武王)을 일컫는다.]이 어질게 여긴 이를 어질게 여기고 그분들이 친애했던 이를 친애하며, 백성은 그분들이 즐겁게 해 준 것을 즐기고 그분들이 이롭게 해 준 것을 이롭게 여겼다. 이 때문에 돌아가셨어도 잊지 못하는 것이다."

墨守　mòshǒu

묵수 : 묵적(墨翟)의 수성(守城)

원래는 성을 지키는 데에 뛰어난 것을 비유하는 말이었다. 후에는 자신의 주장을 고집하는 것, 또는 관습을 굳게 지키며 바꾸지 않으려는 태도를 비유하게 되었다. '묵수성규(墨守成规)'라고도 한다.[전국시대의 묵적이 성을 지키는 계책에 뛰어났던 데에서 비롯된 말이다.]

출전 :《墨子·公輸》, "子墨子解帶爲城, 以牒爲械。公輸盤九設攻城之機變, 子墨子九距之。公輸盤之攻械盡, 子墨子之守圉有餘, 公輸盤詘。"

번역 :《묵자·공수》, "묵자는 허리띠를 풀어 성을 만들고 나뭇조각으로 기계를 만들었다. 공수반은 아홉 번이나 성을 공격하는 기계의 변화를 주었지만, 묵자는 아홉 번을 막아내었다. 공수반의 공격 기계는 다하였지만 묵자의 수비에는 여유가 있자, 공수반은 굴복하였다."

目不窥园(目不窺園) mù bù kuī yuán

목불규원 : 눈으로 뜰을 내다보지 않다.

마음을 집중하여 공부에 몰두하는 것을 형용한다.[한(漢)나라 동중서(董仲舒)가 공부에 전념할 때의 일화이다.]

출전 :《漢書·董仲舒傳》, "三年, 不窺園, 其精如此。"

번역 :《한서·동중서전》, "삼년 동안 뜰을 내다보지 않았으니, 그의 정

진이 이와 같았다.”

目不识丁(目不識丁)　mù bù shí dīng

목불식정 : 눈으로 '정(丁)'자도 알아보지 못하다.

글자를 모르는 사람을 비유한다.

출전 :《舊唐書 · 張弘靖傳》, “今天下無事, 汝輩挽得兩石力弓, 不如識一丁字。”

번역 :《구당서 · 장홍정전》, “요즈음은 세상에 일이 없으니, 너희들은 두 섬 무게의 센 활을 당길 수 있는 것보다 '정(丁)'자 한 자를 아는 것이 낫다.”

目无全牛(目無全牛)　mù wú quán niú

목무전우 : 눈에 전체의 소가 없다.

기술이 숙련되어 최고의 경지에 이른 것을 형용한다.

출전 :《莊子 · 養生主》, “始臣之解牛之時, 所見無非全牛者。三年之後, 未嘗見全牛也。方今之時, 臣以神遇而不以目視。官知止而神欲行, 依乎天理。”

번역 :《장자 · 양생주》, “처음에 제가 소를 잡을 때에, 눈에 보이는 것

은 통째로의 소가 아닌 것이 없었습니다. 3년 뒤에는 통째로의
소가 눈에 들어온 적이 없었습니다. 바야흐로 지금에 이르러 저
는 정신으로 만나지 눈으로 보지 않습니다. 감각의 기능이 그치
고 정신이 작용하게 되니, 자연의 결에 따르는 것입니다."

南柯一梦(南柯一夢) nán kē yī mèng

남가일몽 : 남쪽 나뭇가지 아래의 한바탕 꿈

풀이

꿈, 혹은 부질없는 환상(幻想)을 비유한다.[당(唐)의 이공좌(李公佐)가 지은 〈남가기(南柯記)〉에 나오는 우화이다. 순우분(淳于棼)이란 사람이 홰나무의 남쪽 가지 아래에서 낮잠을 자다가 꿈을 꾸었는데, 괴안국(槐安國)에 이르러 왕의 딸에게 장가들고 남가태수(南柯太守)가 되어 온갖 부귀영화를 누렸다. 깨어난 뒤에 홰나무의 아래를 보니 큰 개미굴이 있었다고 한다.]

难兄难弟(難兄難弟) nán xiōng nán dì

난형난제 : 형 되기도 어렵고, 동생 되기도 어렵다.

풀이

형제가 모두 뛰어난 것을 형용한다. 지금은 원래의 뜻과 반대로, 두 사람이 똑같이 나쁘다는 풍자의 말로 쓰이는 경우가 많다.[동한(東漢)의 진원방(陳元方)과 진계방(陳季方)은 형제지간이었다. 그들의 부친인 진식(陳寔)이 두 아들을 비교하면서, 둘 다 훌륭하여 비교하기 어렵다는 뜻으로 한 말이다.]

출전 : 南朝 宋 劉義慶,《世說新語・德行》, "元方難爲兄, 季方難爲弟。"

번역 : 남조 송 유의경,《세설신어・덕행》, "원방은 형 되기 어렵고, 계방은 동생 되기 어렵다."

泥牛入海　ní niú rù hǎi

이우입해 : 진흙으로 만든 소가 바다에 들어가다.

풀이

한 번 간 뒤로 소식이 없는 것을 비유한다. 우리 속담의 '함흥차사(咸興差使)'에 해당하는 성어이다.

출전 :《景德傳燈錄・潭州龍山和尙》, "我見兩個泥牛鬪入海, 直至如今, 無消息"

번역 :《경덕전등록・담주용산화상》, "나는 진흙으로 만든 소 두 마리가 다투어 바다에 들어가는 것을 보았는데, 다만 지금에 이르도록 소식이 없다."

年富力强　nián fù lì qiáng

연부력강 : 살아갈 세월이 많고 힘이 강하다.

젊고 강하여 가능성이 많음을 비유한다.

출전 : 《論語·子罕》 朱熹集注, "後生年富力强, 足以積學而有待, 其勢可畏。"

번역 : 《논어·자한》 주희집주, "후진들은 살아갈 세월이 많고 힘이 강하여, 학문을 쌓아 나가게 되면 기대할 바가 있으리니, 그 기세가 두려워할 만하다."

涅而不緇(涅而不緇)　niè ér bù zī

열이불치 : 검은 물을 들여도 검어지지 않는다.

바탕이 깨끗하고 고상함을 비유한다.

출전 : 《論語·陽貨》, "不曰堅乎! 磨而不磷。不曰白乎! 涅而不緇。"

번역 : 《논어·양화》, "단단하다고 하지 않겠는가! 갈아도 닳지 않으니. 희다고 하지 않겠는가! 검은 물을 들여도 검어지지 않으니."

弄假成真(弄假成眞)　nòng jiǎ chéng zhēn

농가성진 : 거짓을 가지고 참으로 만들다.

거짓이 참으로 되는 상황을 비유한다.

출전 : 宋 邵雍, 〈弄筆吟〉, "弄假像眞終是假, 將勤補拙總輸勤。"

번역 : 송 소옹, 〈농필음〉, "거짓을 가지고 참인 것처럼 하여도 결국은 거짓이고, 부지런함으로 졸렬함을 보충해도 내내 부지런함을 다 해야 한다."

藕断丝连(藕斷絲連)　ǒu duàn sī lián

우단사련 : 연뿌리는 끊어져도 실은 이어지다.

 풀이

남녀가 헤어진 뒤에도 정이 남아 있음을 비유한다.

[출전] : 唐 孟郊, 〈去婦〉, "妾心藕中絲, 雖斷猶牽連。"

[번역] : 당 맹교, 〈거부〉, "저의 마음은 연뿌리 속의 실이라, 비록 끊어져
도 이어져 있습니다."

攀龙附凤(攀龍附鳳) pān lóng fù fèng

반룡부봉 : 용을 부여잡고 봉황에 붙다.

풀이

세력가에 붙어 공명을 이루는 것을 비유한다. 원래는 안연(顏淵), 민자건(閔子騫) 등이 공자를 따라 학문을 이룬 것을 비유하는 말이었다.

출전 : 漢 揚雄,《法言·淵騫》, "攀龍鱗, 附鳳翼, 巽以揚之, 勃勃乎其不可及也。"

번역 : 한 양웅,《법언·연건》, "용의 비늘을 부여잡고 봉황의 날개에 붙었는데, 바람이 날려 주니 빨라서 거의 따라잡을 수가 없다."

袍泽(袍澤) páozé

포택 : 전포(戰袍)와 고의

풀이

군대 동료를 일컫는다. ['포(袍)' 와 '택(澤)' 은 모두 고대의 의상(衣裳) 이름이다.]

출전 :《詩經・秦風・無衣》, "豈曰無衣! 與子同袍。王于興師, 修
我戈矛, 與子同仇。豈曰無衣! 與子同澤。王于興師, 修我
戈戟, 與子偕作。"

번역 :《시경・진풍・무의》, "어찌 옷이 없다고 하겠는가! 그대와 전포
(戰袍)를 함께 입으리라. 천자께서 군대를 일으키시니 우리의
창을 갈고 그대와 함께 짝이 되리라. 어찌 옷이 없다고 하겠는
가! 그대와 고의를 함께 입으리라. 천자께서 군대를 일으키시니
우리의 창을 갈고 그대와 함께 일어나리라."

賠了夫人又折兵(賠了夫人又折兵)
péi·le fū·ren yòu zhé bīng

배료부인우절병 : 부인도 손해 보고 병사마저 잃다.

풀이

이익을 도모하려다가 도리어 손해를 보는 것을 비유한다.[동오
(東吳)의 주유(周瑜)가 유비를 해치고 형주를 탈환하고자, 계책
을 꾸며 손권(孫權)의 여동생을 거짓으로 유비에게 시집보내도록
하였다. 그러나 유비는 결혼을 마친 후 부인을 데리고 오나라를
탈출하였다. 주유는 병사를 이끌고 쫓다가 제갈량의 복병에 걸려
패배하였다.]

출전 :《三國演義》五五回, "周郎妙計安天下, 賠了夫人又折兵。"

번역 :《삼국연의》 55회, "주유는 뛰어난 계책으로 천하를 안정시켰지
만, 부인도 손해 보고 병사마저 잃었구나."

鵬程万里(鵬程萬里)　péng chéng wàn lǐ

붕정만리 : 붕새의 가는 길이 만 리이다.

풀이

유망한 전도를 비유한다. '만리붕정(万里鵬程)'이라고도 한다.

출전 :《莊子·逍遙遊》, "鵬之徙於南冥也, 水擊三千里, 搏扶搖而上者, 九萬里。"

번역 :《장자·소요유》, "붕새가 남쪽 바다로 가는데, 수면에서 삼천리의 물결을 쳐서 일으키고, 회오리바람을 차고 오르는 것이 구만리이다."

皮里阳秋(皮里陽秋)　pí lǐ Yángqiū

피리양추 : 피부 속의《춘추(春秋)》

풀이

마음속에만 지닌 채 드러내지 않는 비평이다. ['양추(陽秋)'는 공자가 지은《춘추(春秋)》를 가리킨다. 진(晉)나라 간문제(簡文帝)의 모후(母后) 이름이 아춘(阿春)이라서, 진나라 사람들은 '춘(春)'자를 피하여 '양(陽)'자로 썼다.《춘추》에서 공자가 역사적 사실에 대해 칭찬과 비판을 가하였기 때문에, 후에는 비평을 의미하는 말로 쓰이게 되었다.]

출전 :《晉書·褚裒傳》, "譙國桓彝見而目之曰, 季野有皮裏陽秋, 言其外無臧否, 而內有所褒貶也。"

 :《진서·저포전》, "초국의 환이가 그를 보고 지목하여 말하기를, '계야[季野, 저포의 자]는 마음속의《춘추》를 가지고 있다.'라고 하였는데, 그가 밖으로는 잘잘못(을 따지는 일)이 없지만, 내심으로는 칭찬하거나 비판하는 바가 있음을 말한 것이다."

皮之不存, 毛将焉附(皮之不存, 毛將焉附)
pí zhī bù cún, máo jiāng yān fù

피지부존, 모장언부 : 가죽이 없는데 털이 장차 어디에 붙겠는가?

풀이

바탕이 없는 사물은 존재할 수 없음을 비유한다.

 :《左傳·僖公十四年》, "冬, 秦饑。使乞糴于晉, 晉人弗與。慶鄭曰, 背施無親, 幸災不仁, 貪愛不祥, 怒隣不義。四德皆失, 何以守國? 虢射曰, 皮之不存, 毛將安傳? 慶鄭曰, 棄信背隣, 患孰恤之。無信患作, 失援必斃。是則然矣。虢射曰, 無損於怨, 而厚於寇, 不如勿與。慶鄭曰, 背施, 幸災, 民所棄也。近猶讐之, 況怨敵乎。弗聽。退曰, 君其悔是哉!"

 :《좌전·희공 14년》, "겨울에 진(秦)나라에 기근이 들었다. 사신을 보내 진(晉)나라에 쌀의 판매를 청했으나 진(晉)나라가 주지 않았다. [진(晉)나라의 대부인] 경정이 말하기를, '베풀어 준 것을 배반하는 것은 친한 이를 없애는 것이고, 남의 재난을 다행으로 여기는 것은 어질지 못한 것이며, 아끼기를 탐욕스럽게 하는 것은 상서

롭지 못하고, 이웃을 노하게 하는 것은 의롭지 못합니다. 네 가지 덕을 모두 잃고 무엇으로 나라를 지키겠습니까?'라고 하였다. [진(晉)나라 혜공(惠公)의 외삼촌인] 괵역이 말하기를, '가죽이 없는데 털이 장차 어디에 붙겠습니까?'라고 하였다. [진(晉)나라가 이미 진(秦)나라에 배신한 일이 있어 쌀을 주어도 소용이 없다는 뜻이다.] 경정이, '신의를 버리고 이웃을 배반하면, 재난에 누가 돌봐 주겠습니까? 신의가 없으면 재난이 일어나고 도움을 잃으면 반드시 망합니다. 이 상황이 그렇습니다.'라고 하였다. 괵역이, '[진(秦)나라와의] 원한을 줄이지도 못하면서, 적에게 후하게 하는 것은 주지 않는 것만 못합니다.'라고 말했다. 경정이, '베풀어 준 것을 배반하고 남의 재난을 다행으로 여기면 백성들에게 버림을 받습니다. 가까운 사이도 원수로 여길 텐데 하물며 원한이 있는 적은 어떻겠습니까?'라고 하였으나 듣지 않았다. (경정은) 물러나면서, '임금께서는 아마도 이 일을 후회하실 것이다.'라고 하였다."

匹夫之勇　pǐfū zhī yǒng

필부지용 : 대수롭지 않은 자의 용기

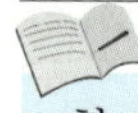 풀이

혈기에 의존하는 용기를 비유하는 말이다.

출전 : 《孟子・梁惠王下》, "王請無好小勇。夫撫劍疾視, 曰彼惡敢當我哉? 此匹夫之勇, 敵一人者也。"

번역 : 《맹자・양혜왕하》, "왕께서는 청컨대 작은 용기를 좋아하지 마십시오. 칼을 잡고 노려보면서, '네가 어찌 감히 나를 상대하려

하느냐?'라고 한다면, 이것은 필부의 용기로서 한 사람을 대적
하는 것입니다."

偏安　piān'ān

편안 : 한쪽에서 편안하다.

 풀이

한 왕조가 전국을 통치하지 못하고 한쪽에서 안주하는 상황을 비
유한다.

출전 : 三國 蜀 諸葛亮, 〈後出師表〉, "先帝慮漢賊不兩立, 王業不
偏安, 故託臣以討賊也。"

번역 : 삼국 촉 제갈량, 〈후출사표〉, "선제께서는 촉한(蜀漢)과 적[조조
(曹操)]은 양립하지 못함과 왕조의 공업은 한쪽에서 편안할 수
없음을 염려하시어, 저에게 적을 토벌하는 일을 맡기셨습니다."

破釜沉舟　pò fǔ chén zhōu

파부침주 : 솥을 부수고 배를 가라앉히다.

 풀이

굳은 결심을 지니고 일에 임하는 각오를 비유한다.[항우(項羽)
가 진(秦)나라 군대와 싸울 때의 일화이다.]

출전 : 《史記·項羽本紀》, "項羽乃悉引兵渡河, 皆沈船, 破釜甑,

燒廬舍, 持三日糧, 以示士卒必死, 無一還心。”

[번역] :《사기·항우본기》, “항우가 이에 병사를 모두 거느리고 장하(漳
河)를 건넌 뒤, 배를 모두 가라앉히고 솥을 부수었으며 막사를
불 지르고 3일치의 양식만을 휴대함으로써, 사병들에게 필사의
정신과 조금도 돌아올 마음이 없음을 보였다.”

破镜重圆(破鏡重圓)　pò jìng chóng yuán

파경중원 : 쪼개진 거울이 다시 둥글어지다.

풀이

부부가 헤어졌다가 다시 만나는 것을 비유한다.[남조(南朝)의 진
(陳)나라가 망할 때, 부마(駙馬)인 서덕언(徐德言)이 구리거울
한 개를 쪼개어 반쪽을 아내인 낙창공주(樂昌公主)에게 주면서,
헤어진 후에 신표로 삼자고 하였다. 훗날 과연 이 단서로 인하여
부부가 다시 만날 수 있게 되었다고 한다.]

[출전] :《太平廣記·氣義·楊素》, “方屬時亂, 恐不相保, 謂其妻曰,
以君之才容, 國亡, 人權豪之家, 斯永絶矣。儻情緣未斷, 猶
冀相見, 宜有以信之。乃破一鏡, 各執其半, 約曰, 他日必
以正月望, 賣於都市。… 及陳亡, 其妻果入越公楊素之家,
寵嬖殊厚。德言遊離辛苦, 僅能至京。遂以正月望訪於都市,
有蒼頭賣半鏡者。… 德言出半鏡以合之, 乃題詩曰, 鏡與人
俱去, 鏡歸人不歸。無復嫦娥影, 空留明月輝。陳氏得詩,
涕泣不食。素知之, 愴然改容。即召德言, 還其妻。”

번역 :《태평광기·기의·양소》, "(서덕언은) 한창 세상의 혼란함을 만나 서로를 보호하지 못할 것을 염려하여 아내에게 말하였다. '그대의 재주와 용모로는 나라가 망하면 권세가의 집안에 들어갈 것이니, 이렇게 되면 영원히 끊어지는 것입니다. 혹여 애정의 인연이 끊어지지 않아 서로 만나기를 바란다면, 마땅히 신표로 삼을 것이 있어야 할 것이요.' 그리고 나서 거울 한 개를 깨어 각자 반쪽을 지니고서 약속하였다. '훗날 반드시 정월 보름에 도성의 시장에서 (거울을) 팔도록 합시다.' … 진(陳)이 망하자 그의 아내는 과연 월공(越公) 양소(楊素)의 집안에 들어가 두터운 총애를 받았다. 덕언은 떠돌며 고생하다가 겨우 서울에 이를 수 있었다. 곧 정월 보름에 도성의 시장에 나갔더니, 반쪽 거울을 파는 사내종이 있었다. … 덕언이 반쪽 거울을 꺼내 맞춰 보고는 시 한 수를 지었다. '거울과 사람이 모두 떠났다가, 거울은 돌아왔는데 사람은 돌아오지 않는구나. 다시 항아[嫦娥, 달 속에 사는 선녀]의 그림자는 없고, 그저 밝은 달빛만 남아 있구나.' 부인 진씨(陳氏)가 시를 보고는 울면서 밥을 먹지 못하였다. 양소가 이 사실을 알고는 슬프게 얼굴빛이 바뀌었다. 곧 덕언을 불러 그의 아내를 돌려주었다."

破天荒 pòtiānhuāng

파천황 : 천황을 깨뜨리다.

풀이

처음으로 어떤 일을 해내는 것을 비유한다.

출전 : 宋 孫光憲,《北夢瑣言》卷四, "唐荊州, 衣冠藪澤。每歲解

^{송 거 인} ^{다 불 성 명} ^{호 왈 천 황 해} ^{류 태 사 인 이 형 해 급 제} ^호
送擧人, 多不成名。號曰天荒解。劉蛻舍人以荊解及第, 號
^{위 파 천 황}
爲破天荒。"

번역 : 송 손광헌,《북몽쇄언》권 4, " 당나라 때의 형주(荊州)는 선비
가 많이 모이는 곳이었다. 매년 거인(擧人)을 추천하여 보냈는
데, 거의가 과거에 합격하지 못하였다. 이를 일컬어 '누구도 해
내지 못한 추천[천황해(天荒解)]'이라고 하였다. 사인(舍人) 유
태(劉蛻)가 형주의 추천으로 과거에 합격하자, '천황을 깨뜨렸
다.'라고 불리게 되었다."

扑朔迷离(撲朔迷離)　pūshuò mílí

복삭미리 : 발의 털이 어수선하고 눈이 흐릿하다.

풀이

복잡하게 뒤섞여 분별하기 어려운 것을 비유한다.

출전 : 北朝 民歌,〈木蘭辭〉, "^{웅 토 각 복 삭}雄兎脚扑朔, ^{자 토 안 미 리}雌兎眼迷離。^{량 토 방 지}兩兎傍地
^{주 안 능 변 아 시 자 웅}走, 安能辨我是雌雄。"

번역 : 북조 민가,〈목란사〉, "숫토끼는 발의 털이 어수선하고, 암토끼
는 눈이 흐릿하다. 두 마리 토끼가 나란히 달리면, 어떻게 수컷
과 암컷을 분별하겠는가!"

璞玉浑金(璞玉渾金)　pú yù hún jīn

박옥혼금 : 가공하지 않은 구슬과 제련하지 않은 금

훌륭한 바탕을 비유하는 말이다.

출전 : 南朝 宋 劉義慶,《世說新語·賞譽》, "王戎目山巨源, 如璞玉
渾金。",

번역 : 남조 송 유의경,《세설신어·상예》, "왕융이 산거원[거원은 죽
림칠현 중의 한 사람인 산도(山濤)의 자이다.]을 지목하여, 가공
하지 않은 구슬과 제련하지 않은 금 같다고 하였다."

七步之才　qī bù zhī cái

칠보지재 : 일곱 걸음 만에 시를 짓는 재능

 풀이

뛰어난 재능을 비유하는 말이다.[원래 삼국시대 위(魏)나라 조식(曹植)의 재능을 비유하는 말이었다.]

출전 : 자두연기
煮豆燃萁 zhǔ dòu rán qí 참조

期期艾艾　qīqī ài'ài

기기애애 : 기기, 애애(말을 더듬는 소리)

 풀이

말을 더듬는 것을 비유한다.[한대(漢代)의 주창(周昌)은 말을 더듬었다. 한번은 한고조(漢高祖)와 일을 논하다가, '기기(期期)'라고 말을 더듬었다. 삼국시대 위(魏)나라 등애(鄧艾) 역시 말을 더듬었는데, 자기 이름을 말할 때에도 '애애(艾艾)'라고 하였다고 한다.]

출전 :《史記・張丞相列傳》, "臣口不能言, 然臣期期知其不
可。";《世說新語・言語》, "鄧艾口吃, 語稱艾艾。晉文
王戲之曰, 卿云艾艾, 爲是幾艾? 對曰, 鳳兮鳳兮, 故
是一鳳。"

번역 :《사기・장승상열전》, "신은 입으로 말할 수는 없지만, 그것이
아니 된다는 것은 아…아…알고 있습니다.";《세설신어・언어》,
"등애는 말을 더듬어, 말할 때마다 (자기를) '애…애…'라고 칭
하였다. 진(晉)나라 문왕이 농담으로, '경은 애…애…라고 말하
는데, 애(艾)가 몇 명이나 되는가?' 라고 묻자, 대답하기를, '봉
혜, 봉혜라고 하지만, 본래 한 마리의 봉일 뿐입니다.' 라고 하였
다."[《논어(論語)・미자(微子)》의 "봉황이여, 봉황이여! 어찌
덕이 쇠하였는가!(鳳兮鳳兮, 何德之衰。)"라는 구절을 인용한 것
이다.]

齐东野语(齊東野語)　Qídōng yěyǔ

제동야어 : 제나라 동쪽 촌사람의 말

풀이

항간에 떠도는 근거 없는 말을 비유한다.

출전 :《孟子・萬章上》, "此非君子之言, 齊東野人之語也。"

번역 :《맹자・만장상》, "이는 군자의 말이 아니고, 제나라 동쪽 촌사람
의 말이다."

骑虎难下(騎虎難下)　qí hǔ nán xià

기호난하 : 호랑이에 올라타 내리기 어렵다.

 **풀이**

계속할 수도 없고 그만둘 수도 없는 난감한 상황을 비유한다.

출전 :《晉書·溫嶠傳》, "今之事勢, 義無旋踵。騎猛獸, 安可中下哉!"

번역 :《진서·온교전》, "지금의 상황은 의리상 발을 돌릴 수 없습니다. 맹수에 올라탔으니 어떻게 중간에 내릴 수 있겠습니까!"

骑虎之势(騎虎之勢) ☞ 骑虎难下
qí hǔ zhī shì ☞ qí hǔ nán xià

기호지세 ☞ **기호난하**

岐黄(岐黄)　qíhuáng

기황 : 기백(岐伯)과 황제(黃帝)

풀이

'중국의학'을 일컫는 말이다.[기백과 황제는 중국 의학의 비조이다. 고대의 저명한 의술서인《황제내경(黃帝內經)·소문(素問)》은 주로 이 두 사람이 묻고 답하는 형식으로 기술되어 있다.]

奇文共賞(奇文共賞) qí wén gòng shǎng

기문공상 : 신기한 문장을 함께 감상하다.

풀이

벗들이 모여 훌륭한 문장을 함께 감상하고 글을 논하는 것을 가리킨다. 후에는 근거 없고 잘못된 문장을 발표하여 여러 사람들이 보고 비판하게 한다는 뜻으로 쓰이게 되었다.

출전 : 晉 陶淵明,〈移居〉,"奇文共欣賞, 疑義相與析。"

번역 : 진 도연명,〈이거〉, "신기한 문장을 함께 감상하고, 의심나는 뜻을 서로 풀어 본다."

岐路亡羊 qílù wáng yáng

기로망양 : 갈림길에서 양을 잃다.

풀이

상황이 복잡하고 변화가 많아 방향을 잡지 못하는 것을 비유한다.[양자(楊子)의 이웃 사람이 양을 잃고 찾지 못했다. 그 까닭을 묻자, "갈림길이 많은데, 갈림길에 또 갈림길이 있어서 어디로 갔는지 모르겠습니다."라고 하였다. 이 말을 듣고 양자가 탄식한 말이다.]

출전 : 《列子・說符》, "大道以多歧亡羊, 學者以多方喪生。"

번역 : 《열자・설부》, "큰 길은 갈림길이 많아서 양을 잃고, 배우는 자는 방향이 많아서 삶의 도를 잃는다."

杞人忧天(杞人憂天)　Qǐ rén yōu tiān

기인우천 : 기(杞)나라 사람이 하늘이 무너질 것을 염려하다.

풀이

불필요한 근심을 비유한다. '기인지우(杞人之憂)', 또는 '기우(杞憂)'라고도 한다.

출전 :《列子・天瑞》, "杞國有人, 憂天地崩墜, 身亡所寄, 廢寢食者。"

번역 :《열자・천서》, "기나라에 어떤 사람이 있었는데, 하늘이 무너지고 땅이 꺼지면, 몸을 기탁할 곳이 없을까를 염려하여, 잠을 자지도 못하고 밥을 먹지도 못했다고 한다."

千里之行, 始于足下
qiān lǐ zhī xíng, shǐ yú zú xià

천리지행, 시우족하 : 천리 길도 발 아래에서 시작된다.

풀이

일의 성공은 작은 것에서부터 비롯되는 것임을 비유한다.

출전 :《老子・第六十四章》, "九層之臺, 起於累土, 千里之行, 始於足下。"

번역 :《노자・제 64장》, "아홉 층의 누대도 한 덩이의 흙을 쌓는 데에서 비롯되고, 천리 길도 발 아래에서 시작된다."

천려일득 : 천 번 생각에 한 번쯤의 얻음이 있다.

풀이

평범한 사람의 생각도 취할 만한 부분이 있음을 가리킨다. 또한 자신의 의견을 발표할 때 겸양하는 말로도 쓰인다.

출전 : 《晏子·雜下十八》, "聖人千慮, 必有一失, 愚人千慮, 必有一得。"

번역 : 《안자·잡하 18》, "성인도 천 번 생각에 반드시 한 번쯤의 실수가 있고, 어리석은 사람도 천 번 생각에 반드시 한 번쯤의 얻음이 있다."

千篇一律　qiān piān yī lǜ

천편일률 : 천 편의 시가 같은 체이다.

풀이

판에 박은 듯한 형식을 비유한다.

출전 : 南朝 梁 鍾嶸, 《詩品·卷中》, "謝康樂云, 張公雖復千篇, 猶一體耳。"

번역 : 남조 양 종영, 《시품·권중》, "사령운이 말하기를, '장공[위진(魏晉) 시대의 문인인 장화(張華)를 일컫는다.]은 지은 시가 천 편이나 되지만 오히려 똑같은 체이다.' 라고 하였다."

前车之鉴(前車之鑒)　qián chē zhī jiàn

전거지감 : 앞수레의 교훈

 풀이

앞사람의 실패나 잘못을 거울삼아야 함을 비유하는 말이다. '전거(前車)', 혹은 '전감(前鑒)' 이라고도 한다.

출전 : 《漢書·賈誼傳》, "前車覆, 後車誡。"

번역 : 《한서·가의전》, "앞수레가 뒤집어지면, 뒤따르던 수레가 조심한다."

前功尽弃(前功盡棄)　qián gōng jìn qì

전공진기 : 앞의 공적이 모두 버려지다.

 풀이

이전에 이루었던 업적이 허사가 됨을 비유한다.

출전 : 《戰國策·西周策》, "一攻而不得, 前功盡滅。"

번역 : 《전국책·서주책》, "한 번 공격하여 얻지 못하면, 앞의 공적이 모두 없어진다."

前事不忘, 后事之师(前事不忘, 後事之師)　qián shì bù wàng, hòu shì zhī shī

전사불망, 후사지사 : 이전의 일을 잊지 않는 것이 뒷일의 스승이다.

 풀이

과거에 겪었던 일을 잊지 않는 것이 훗날의 교훈이 됨을 가리
킨다.

출전 :《戰國策·趙策》, "前事之不忘, 後事之師。"

번역 :《전국책·조책》, "이전의 일을 잊지 않는 것이 뒷일의 스승이다."

黔驴之技(黔驢之技) Qián lú zhī jì

검려지기 : 검 지방 당나귀의 재주

풀이

겉으로는 그럴듯하나 실제로는 보잘것없는 재주를 비유한다.

출전 :唐 柳宗元,〈三戒·黔之驢〉, "黔無驢, 有好事者船載以入。
至則無可用, 放之山下。虎見之, 尨然大物也, 以爲神。…
他日, 驢一鳴, 虎大駭, 遠遁, 以爲且噬己也, 甚恐。然往
來視之, 覺無異能者。益習其聲, 又近出前後, 終不敢搏。
稍近益狎, 蕩倚衝冒, 驢不勝怒, 蹄之。虎因喜, 計之曰,
技止此耳。… 斷其喉, 盡其肉, 乃去。"

번역 : 당 유종원,〈삼계·검지려〉, "검[黔, 현재 귀주 일대]이란 지방
에는 당나귀가 없었는데, 일 벌리기를 좋아하는 사람이 있어
(당나귀를) 배에 싣고 들여왔다. 데려왔지만 써먹을 곳이 없자
산 아래에 풀어 놓았다. 호랑이가 그것을 보고 덩치가 큰 놈이

라서 신기한 동물로 여겼다. … 훗날 당나귀가 한 차례 울자 호랑이는 크게 놀라 멀리 도망가면서, 자신을 물어뜯을 것이라고 생각하고는 매우 두려워하였다. 그러나 오고 가며 보고는 특별한 재능이 없는 놈임을 알게 되었다. 그 소리에 좀 더 익숙해지자, 더욱 가까이 앞뒤로 다가갔으나 끝내 덮치지는 못했다. 조금씩 가까이 다가가 더욱 익숙해진 뒤에, 건드리고 부딪치자 당나귀는 화를 이기지 못하고 발길질을 하였다. 호랑이는 기뻐하면서 헤아리기를, ‘재주가 이 정도뿐이구나.’라고 여겼다. … 결국 목을 물어 끊은 뒤 그 고기를 다 먹어치우고 가 버렸다.”

强弩之末　qiáng nǔ zhī mò

강노지말 : 강한 활의 마지막

풀이

강하던 힘이 약해진 상태를 비유하는 말이다.

출전 :《漢書·韓安國傳》, “衝風之衰, 不能起毛羽, 强弩之末, 力不能入魯縞。”

번역 :《한서·한안국전》, “폭풍이 약해지면 깃털도 날리지 못하고, 강한 활도 마지막에는 그 힘이 얇은 비단도 뚫지 못한다.”

교천 : 높은 나무로 옮겨 가다.

 풀이

좋은 곳으로 이사 가거나 관직이 높아지는 것을 축하하는 말이다.
'교천지희(乔迁之喜)'라고도 한다.

출전 :《詩經·小雅·伐木》,"伐木丁丁, 鳥鳴嚶嚶。出自幽谷, 遷于喬木。"

번역 :《시경·소아·벌목》,"'탕탕!' 하고 나무 베는 소리에, '앵앵!' 하고 새 우는 소리로다. 깊은 골짜기에서 나와, 높은 나무로 옮겨간다."

切磋研磨(切磋研磨) ☞ 切磋琢磨
qiē cuō yán mó ☞ qiē cuō zhuó mó

절차연마 ☞ 절차탁마

切磋琢磨(切磋琢磨)　qiē cuō zhuó mó

절차탁마 : 자르고 갈며, 쪼고 간다.

 풀이

학문을 끊임없이 연마하여 더욱 정밀함을 추구하는 것을 비유한다. '절차연마(切磋研磨)'라고도 한다.

출전 :《詩經·衛風·淇奧》,"瞻彼淇奧, 綠竹猗猗。有匪君子, 如

切如磋, 如琢如磨。"

번역 :《시경・위풍・기욱》, "저 기수(淇水)의 물굽이를 보니, 푸른 대
나무가 무성하다. 문채 나는 군자여! 자른 듯하고 간 듯하며, 쫀
듯하고 간 듯하다."

秦晋(秦晉)　Qín Jìn

진진 : 진(秦)나라와 진(晉)나라

풀이

사돈 관계를 비유하는 말이다.[진(秦)나라와 진(晉)나라가 대대
로 혼인을 맺은 데에서 비롯된 말이다.]

秦镜高悬(秦鏡高懸) ☞ 明镜高悬
Qín jìng gāo xuán ☞ míng jìng gāo xuán

진경고현 ☞ 명경고현

琴瑟　qínsè

금슬 : 작은 거문고[5현 혹은 7현]와 큰 거문고[25현]

풀이

부부간의 화합을 비유하는 말이다. 부부를 비유하는 말로도 쓰
인다.[우리말로는 '금실'로 쓰인다.]

 :《詩經·周南·關雎》, "參差荇菜, 左右采之. 窈窕淑女, 琴
瑟友之。"

번역 :《시경·주남·관저》, "들쭉날쭉한 마름나물을 이리저리 고른다.
아름답고 교양 있는 여인을 거문고로 사귄다."

青出于蓝(靑出于藍) qīng chū yú lán

청출우람 : 청색은 쪽풀에서 나왔다.

풀이

학생이 스승을 능가하거나 뒷사람이 앞사람을 능가하는 것을 비
유한다.

출전 :《荀子·勸學》, "青, 取之於藍, 而青於藍。氷, 水爲之而寒
於水。"

번역 :《순자·권학》, "청색은 그것을 쪽풀에서 취하지만 쪽풀보다 더
푸르고, 얼음은 물이 그것을 만들지만 물보다 더 차다."

青梅竹马(靑梅竹馬) qīng méi zhú mǎ

청매죽마 : 푸른 매실과 죽마

풀이

남녀가 어렸을 때 천진난만하게 함께 놀았던 것을 비유하는 말이
다.[죽마는 아이들이 말처럼 타고 노는 대나무 막대이다.]

출전 : 唐 李白, 〈長干行〉, "郎騎竹馬來, 繞床弄靑梅。同居長干
里, 兩小無嫌猜。"

번역 : 당 이백, 〈장간행〉, "그대는 죽마를 타고 와서, 침상을 돌며 청매
실로 장난을 쳤지요. 함께 장간리에 살았는데, 둘 다 어려서 스
스럼이 없었죠."

靑眼 ☞ 白眼　qīngyǎn ☞ báiyǎn

청안 ☞ 백안

靑云(靑雲)　qīngyún

청운 : 푸른 구름

높은 벼슬을 비유한다. 원대한 포부나 이상을 비유하기도 한다.

출전 : 《史記·范雎蔡澤列傳》, "須賈頓首言死罪曰, 賈不意君能自
致於靑雲之上。"

번역 : 《사기·범저채택열전》, "수고가 머리를 조아리며 죽을 죄를 지
었다고 말하면서, '저는 그대가 자신을 푸른 구름 위에 이르게
할 수 있으리라고 생각하지 못했습니다.' 라고 하였다."

倾城倾国(傾城傾國)　qīng chéng qīng guó

경성경국 : 성을 기울게 하고, 나라를 기울게 하다.

여자의 용모가 매우 아름다운 것을 형용한다. '경국경성(倾国倾城)'이라고도 한다.

출전 : 《漢書·外戚傳》, "一顧傾人城, 再顧傾人國。寧不知傾城與傾國, 佳人難再得。"

번역 : 《한서·외척전》, "한 번 돌아보면 성을 기울게 하고, 두 번 돌아보면 나라를 기울게 한다. 어찌 성을 기울게 하고 나라를 기울게 하는 것을 모르리오만, 미인은 다시 얻기 어려우니라."

请君入瓮(請君入瓮)　qǐng jūn rù wèng

청군입옹 : 그대는 항아리에 들어가시오.

어떤 사람이 다른 사람을 다루는 방법대로, 그 사람 자신을 다루는 것을 비유한다.

출전 : 唐 張鷟, 《朝野僉載·周興》, "唐秋官侍郎周興, 與來俊臣對推事, 俊臣別奉進止鞫興。興不之知也, 及同食, 謂興曰, 囚多不肯承, 若爲作法? 興曰, 甚易也。取大甕, 以炭四面炙之, 令囚人處之其中, 何事不吐。卽索大甕, 以火圍之, 起謂興曰, 有內狀勘老兄, 請兄入此甕。興惶恐叩頭, 咸卽款伏。"

번역 : 당 장작, 《조야첨재·주흥》, "당나라의 추관시랑인 주흥이

래준신과 짝을 이뤄 사건을 심의하는데, 준신은 별도로 (측천무후의) 명을 받들어 주흥을 심문하게 되었다. 주흥은 이 사실을 모르고 함께 밥을 먹게 되었는데 (준신이) 주흥에게 말하기를, '범인은 대부분 잘못을 인정하려 하지 않는데, 그대는 (어떤) 방법을 쓰는지요?'라고 물었다. 주흥이 말하기를, '아주 간단합니다. 큰 항아리를 가져다 숯불로 사방을 달군 뒤에, 범인을 그 안으로 들어가게 한다면 어떤 일이든 토설하지 않겠습니까?' (준신은) 즉시 큰 항아리를 가져오게 하여 불로 사방을 달군 뒤에, 일어나 주흥에게 말하였다. '내부의 보고가 있어 그대를 심문하노니, 그대는 이 항아리에 들어가시오.' 주흥은 놀라서 머리를 조아리며 죄를 모두 인정하였다."

경보불사, 노난미이 : 경보가 죽지 않으면, 노나라의 재난은 끝나지 않는다.

 **풀이**

화근을 제거해야 안정을 찾을 수 있음을 비유한다.[경보는 노나라의 공자로, 내란을 일으켜 두 명의 제후를 죽였다.]

출전 :《左傳·閔公元年》, "不去慶父, 魯難未已。"

번역 :《좌전·민공 원년》, "경보를 제거하지 않으면, 노나라의 재난은 끝나지 않을 것입니다."

罄竹难书(罄竹難書)　qìng zhú nán shū

경죽난서 : 죽간을 다 소비해도 (죄상을) 쓰기 어렵다.

 **풀이**

잘못이 아주 많음을 형용한다.

출전 : 《舊唐書·李密傳》, "罄南山之竹, 書罪未窮, 決東海之波, 流惡難盡。"

번역 : 《구당서·이밀전》, "남산의 대나무를 다 소비해도 죄상을 다 쓸 수 없고, 동해의 물결을 터도 악행을 다 씻을 수 없다."

秋毫　qiūháo

추호 : 가을 털

풀이

미세한 것을 비유하는 말이다. '추호(秋豪)'로도 쓴다.[새나 짐승 의 털이 가을이 되면 겨울을 나기 위해 가늘고 길어지는 데에서 비롯된 말이다.]

출전 : 《商君書·錯法》, "夫離朱見秋豪百步之外, 而不能以明目 易人。"

번역 : 《상군서·착법》, "저 이주[황제(黃帝) 시대의 사람으로 눈이 밝 았다고 한다. 《맹자(孟子)》에는 '이루(離婁)'로 되어 있다.]는 백보의 밖에서도 가을 털을 보았지만, 밝은 눈을 다른 사람과 바 꿀 수는 없었다."

曲突徙薪　qū tū xǐ xīn

곡돌사신 : 굴뚝을 굽게 하고 땔감을 옮기다.

 **풀이**

미연에 조치를 취하여 위험을 방지해야 함을 비유한다.

출전 :《漢書·霍光傳》, “客有過主人者, 見其竈直突, 傍有積薪。客謂主人, 更爲曲突, 遠徙其薪。不者且有火患。”

번역 :《한서·곽광전》, “손님으로 주인을 방문한 자가 있었는데, 그 집 부엌에 굴뚝이 곧게 세워져 있고, 그 옆에 땔감이 쌓여 있는 것을 보았다. 손님이 주인에게, ‘굽은 굴뚝으로 고치고, 땔감을 멀리 옮기세요. 그러지 않으면 불이 날 염려가 있습니다.’ 라고 하였다.”

曲高和寡　qǔ gāo hè guǎ

곡고화과 : 곡조가 고상하여 화답하는 사람이 적다.

풀이

작품이 고상하여 알아보는 사람이 적은 것을 비유한다.

출전 : 戰國 楚 宋玉,〈對楚王問〉, “客有歌於郢中者。其始曰下里巴人, 國中屬而和者, 數千人。其爲陽阿薤露, 國中屬而和者, 數百人。其爲陽春白雪, 國中屬而和者, 不過數十人。引商刻羽, 雜以流徵, 國中屬而和者, 不過數人而已。是其

曲彌高, 其和彌寡。"

번역 : 전국 초 송옥, 〈대초왕문〉, "객 가운데 영[초나라 수도]에서 노래하는 자가 있었습니다. 처음 것은 〈하리〉·〈파인〉이었는데, 나라 안에 따라 부르는 자가 수 천 명이었습니다. 그가 〈양아〉·〈해로〉를 부르자, 나라 안에 따라 부르는 자가 수 백 명이었습니다. 그가 〈양춘〉·〈백설〉을 부르자, 나라 안에 따라 부르는 자가 수 십 명에 지나지 않았습니다. 상성(商聲)과 우성(羽聲)을 연주하고, 변조의 치성(徵聲)을 섞어나가자, 나라 안에 따라 부르는 자가 몇 명에 지나지 않았습니다. 이는 곡조가 고상할수록 화답하는 사람이 더욱 적어진 것입니다."

取长补短(取長補短)　qǔ cháng bǔ duǎn

취장보단 : 긴 곳에서 취하여 짧은 곳을 보충하다.

풀이

장점을 취하여 단점을 메워 주는 것을 비유한다.

출전 : 《孟子·滕文公上》, "今滕, 絶長補短, 將五十里也, 猶可以爲善國。"

번역 : 《맹자·등문공상》, "지금 등나라를 긴 곳을 잘라 짧은 곳을 보충하면 대략 (사방) 50리쯤 되지만, 그래도 좋은 나라가 될 수 있습니다."

取之不尽, 用之不竭(取之不盡, 用之不竭)
qǔ zhī bù jìn, yòng zhī bù jié

취지부진, 용지불갈 : 취해도 없어지지 않고 써도 다
하지 않는다.

 풀이

매우 많아 마음대로 향유할 수 있음을 비유한다.

출전 : 宋 蘇軾, 〈前赤壁賦〉, “惟江上之淸風, 與山間之明月, 耳得
之而爲聲, 目遇之而成色, 取之無禁, 用之不竭。是造物者
之無盡藏也。”

번역 : 송 소식, 〈전적벽부〉, “오직 강가의 맑은 바람과 산간의 밝은 달
은 귀로 들으면 소리가 되고 눈으로 만나면 경색을 이루어, 취해
도 막는 이가 없고 써도 다하지 않습니다. 이것은 조물주의 무궁
무진한 보고(寶庫)입니다.”

鵲巢鳩占(鵲巢鳩占)　 què cháo jiū zhàn

작소구점 : 까치집을 비둘기가 차지하다.

 풀이

남의 것을 강제로 차지하는 것을 비유한다. 원래는 여자가 결혼하
여 남편의 집에 와서 사는 것을 비유하는 말이었다.

출전 : 《詩經·召南·鵲巢》, “維鵲有巢, 維鳩居之。”

번역 : 《시경·소남·작소》, “까치가 집을 지으니, 비둘기가 와서 산다.”

群轻折轴(群輕折軸) ☞ 积羽沉舟
qún qīng zhé zhóu ☞ jī yǔ chén zhōu

군경절축 ☞ 적우침주

群英会(群英會)　qúnyīnghuì

군영회 : 뭇 인재들의 모임

 풀이

뛰어난 인재들의 모임을 가리키는 말이다.[적벽대전(赤壁大戰)의
전날, 동오(東吳)의 문관과 무장들이 모인 연회를 가리켜 주유(周
瑜)가 한 말이다.]

출전 :《三國演義》第四十五回, “此皆江東之英傑, 今日此會, 可
名群英會。”

번역 :《삼국연의》제 45회, “이 분들은 모두 강동의 뛰어난 인물들
이니, 오늘의 이 모임을 ‘군영회(群英會)’라고 이름 붙일 만
합니다.”

染指　rǎnzhǐ

염지 : 손가락을 적시다.

풀이

음식의 맛을 보는 것을 가리킨다. 또는 부당한 이득을 취하는 것을 비유하기도 한다.

출전 :《左傳·宣公四年》, "楚人獻黿於鄭靈公。公子宋與子家將見, 子公之食指動。以示子家曰, 他日我如此, 必嘗異味。及人, 宰夫將解黿, 相視而笑。公問之, 子家以告。及食大夫黿, 召子公而弗與也。子公怒, 染指於鼎, 嘗之而出。"

번역 :《좌전·선공 4년》, "초나라 사람이 정(鄭)나라 영공(靈公)에게 자라를 바쳤다. 공자 송[宋, 자(字)가 자공(子公)이다.]이 자가와 함께 (영공을) 뵈려 할 때 자공의 식지(食指)가 움직였다. (자공이) 자가에게 보이면서 말하기를, '전날에 내가 이런 경우에는 반드시 특별한 음식을 맛보았다.'라고 하였다. 들어갔는데 요리사가 막 자라를 가르려고 하자 서로 바라보며 웃었다. 영공이 연유를 묻자, 자가가 사실대로 아뢰었다. 대부들에게 자라를 대접하게 되자, 자공을 부르고서도 주지 않았다. 자

공은 화가 나서 솥에 손가락을 찍어 맛을 보고는 나가 버렸다.”

人微言轻(人微言輕)　rén wēi yán qīng

인미언경 : 사람이 미천하면 말이 경시된다.

 풀이

미천한 사람의 말은 받아들여지지 않음을 비유한다.

출전 : 宋 蘇軾, 〈上執政乞度牒賑濟及因修廨宇書〉, “某已三奏其
事, 至今未報。蓋人微言輕, 理自當爾。”

번역 : 송 소식, 〈상집정걸도첩진제급인수해우서〉, “제가 이미 세 번이
나 그 일을 아뢰었는데, 지금까지 답을 듣지 못하였습니다. 대개
사람이 미천하면 말이 경시되는 것이니, 이치가 자연 그런 것입
니다.”

仁者见仁, 智者见智(仁者見仁, 智者見智)　☞ 见仁见智

rén zhě jiàn rén, zhì　zhě jiàn zhì

☞ jiàn rén jiàn zhì

인자견인, 지자견지 ☞ **견인견지**

任重道远(任重道遠)　rèn zhòng dào yuǎn

임중도원 : 책임이 무겁고 길이 멀다.

 풀이

책임이 큰 것을 비유한다.

출전 : 《論語·泰伯》, "曾子曰, 士不可以不弘毅。任重而道遠。"

번역 : 《논어·태백》, "증자가 말하기를, '선비는 너그럽고 굳세지 않으면 안 된다. 책임이 무겁고 길이 멀기 때문이다.' 라고 하였다."

日就月将(日就月將) rì jiù yuè jiāng

일취월장 : 나날이 나아가고 다달이 진보하다.

풀이

부단히 노력하여 계속 향상되는 것을 가리킨다.

출전 : 《詩經·周頌·敬之》, "日就月將, 學有緝熙于光明。"

번역 : 《시경·주송·경지》, "나날이 나아가고 다달이 진보하여, 배움이 (부왕의 업적을) 이어 밝혀 빛남이 있을 것이다."

融会贯通(融會貫通) róng huì guàn tōng

융회관통 : 융합하여 꿰뚫다.

풀이

여러 가지의 이치를 융합하여, 철저한 깨달음에 이르는 것을 비유한다.

출전 :《朱子全書·學三》, “擧一而三反, 聞一而知十, 乃學者用功
之深, 窮理之熟。然後能融會貫通, 以至於此。”

번역 :《주자전서·학 3》, “하나를 들어 주면 세 가지로 돌이키고, 하나
를 들으면 열 가지를 아는 것은, 바로 배우는 자가 노력을 기울
인 것이 깊고 이치를 추구한 것이 익숙해서이다. 그런 뒤에야 융
합하여 꿰뚫어 이와 같은 경지에 이를 수가 있다.”

如臂使指 rú bì shǐ zhǐ

여비사지 : 팔이 손가락을 부리는 것 같다.

 풀이

지휘가 뜻대로 됨을 비유한다.

출전 :《漢書·賈誼傳》, “如身之使臂, 臂之使指。”,

번역 :《한서·가의전》, “몸이 팔을 부리는 것 같고, 팔이 손가락을 부
리는 것 같다.”

如鱼得水(如魚得水) rú yú dé shuǐ

여어득수 : 고기가 물을 얻은 것 같다.

풀이

마음에 맞는 사람을 만나거나, 일을 이루기에 좋은 여건을 얻은
것을 비유한다.

출전 : 《三國志·諸葛亮傳》, "先主解之曰, 孤之有孔明, 猶魚之有
水也。願諸君勿復言。"

번역 : 《삼국지·제갈량전》, "선주 유비가 해명하여 말하기를, '나에게
공명이 있는 것은 물고기에게 물이 있는 것과 같소. 바라건대 그
대들은 더 이상 말하지 마시오.' 라고 하였다."

孺子牛　rúzǐniú

유자우 : 어린 아이의 소

풀이

대중을 위해 기꺼이 봉사하는 사람을 비유하는 말이다.[춘추시대
제나라 경공(景公)이 아들과 장난을 하면서, 소가 되어 줄을 입에
물고 아들에게 끌도록 하였다.]

출전 : 《左傳·哀公六年》, "女忘君之爲孺子牛而折其齒乎?"

번역 : 《좌전·애공 6년》, "그대는 임금께서 어린 아이의 소가 되었다
가 이를 부러뜨린 것을 잊었는가?"

入彀　rùgòu

입구 : 구에 들어오다.

풀이

남의 통제하에 들어가는 것을 비유한다.

[출전] : 五代 王定保, 《唐摭言·述進士》, "文皇帝修文偃武, 天贊神授。嘗私幸端門, 見新進士綴行而出, 喜曰, 天下英雄, 入吾彀中矣。"

[번역] : 오대 왕정보, 《당척언·술진사》, "당 태종(太宗)이 문덕을 닦고 무력을 그침으로써, 하늘이 돕고 신이 (권한을) 주었다. 일찍이 사사로이 대궐의 남문에 갔다가 새로 뽑힌 진사들이 줄지어 나가는 것을 보고 기뻐하면서, '천하의 영웅들이 내 수중에 들어왔구나.'라고 하였다."['구(彀)'는 활을 당기는 것이고, '구중(彀中)'은 화살이 발사되어 도달하는 범위이다.]

入境问俗(入境問俗)　rù jìng wèn sú

입경문속 : 국경에 들어가면서 풍속을 묻다.

풀이

다른 나라에 가면 그 나라 법을 따라야 한다는 뜻이다. '입국문속(入国问俗)', 또는 '입국문금(入国问禁)'이라고도 한다.

[출전] : 《禮記·曲禮上》, "入竟而問禁, 入國而問俗, 入門而問諱。"

[번역] : 《예기·곡례상》, "다른 나라의 경계에 들어가면 금법을 묻고, 다른 나라의 수도에 들어가면 풍속을 물으며, 남의 집 문에 들어가면 피하는 것을 묻는다."['경(竟)'은 '경(境)'과 같은 자이다.]

入木三分　rù mù sān fēn

입목삼분 : 나무 속으로 세 푼이 들어가다.

서예에서 필력이 강한 것을 비유한다. 후에는 서술이나 논의에 깊이가 있는 것을 비유하게 되었다.

출전 : 唐 張懷瓘, 《書斷·王羲之》, "王羲之書祝版, 工人削之, 筆入木三分。"

번역 : 당 장회관, 《서단·왕희지》, "왕희지가 축판에 글씨를 쓰면, 기술자가 글자를 새길 때, 붓의 먹이 나무 속으로 세 푼이 들어가 있었다."['푼'은 길이의 단위로, '자'의 $\frac{1}{100}$이고 '치'의 $\frac{1}{10}$이다.]

入主出奴 rù zhǔ chū nú

입주출노 : 들어간 쪽에 대해서는 주인으로 여기고, 나온 쪽에 대해서는 노예로 여기다.

한 가지 견해나 학설을 맹신하여 다른 것은 배척하는 것을 비유한다. 후에는 학술상 자기 학파의 견해를 견지하는 것을 비유하는 말로 쓰이게 되었다.

출전 : 唐 韓愈, 〈原道〉, "入于彼, 則出于此。入者主之, 出者奴之。入者附之, 出者汚之。"

번역 : 당 한유, 〈원도〉, "저쪽으로 들어가면 이쪽을 벗어난다. 들어간 쪽은 주인으로 여기고, 나온 쪽은 노예로 여긴다. 들어간 쪽은 붙고, 나온 쪽은 더럽게 여긴다."

弱冠　ruòguān

약관 : 연약하고, 관례를 하다.

 **풀이**

남자의 나이 20세를 가리킨다.

출전 :《禮記·曲禮上》, "人生十年曰幼, 學。二十曰弱, 冠。"

번역 :《예기·곡례상》, "사람이 태어나 10세를 '어리다'라고 하고, 배우게 된다. 20세를 '약하다'라고 하고, 관례를 한다."

弱肉强食　ruò ròu qiáng shí

약육강식 : 약자의 고기를 강자가 먹는다.

 **풀이**

약자가 강자에게 피해를 당하는 것을 비유한다.

출전 : 唐 韓愈, 〈送浮屠文暢師序〉, "夫鳥俛而啄, 仰而四顧, 夫獸深居而簡出, 懼物之爲己害也。猶且不脫焉, 弱之肉, 彊之食。"

번역 : 당 한유, 〈송부도문창사서〉, "새들이 숙이고 모이를 쪼다가도 목을 들어 사방으로 돌아보며, 짐승들이 깊이 숨어 있다가 때를 가려 나오는 것은, 다른 것들이 자신을 해칠까 두려워해서이다. 그런데도 오히려 화를 면하지 못하니, 약자의 고기를 강자가 먹는 것이다."

塞翁失马(塞翁失馬)　sài wēng shī mǎ

새옹실마 : 변방의 노인이 말을 잃다.

풀이

나쁜 일이 도리어 좋은 일이 될 수 있고, 그 반대도 마찬가지임을 비유한다.

출전 :《淮南子·人間訓》,"夫禍福之轉而相生, 其變難見也。近塞上之人, 有善術者, 馬無故亡而入胡。人皆弔之, 其父曰, 此何遽不爲福乎。居數月, 其馬將胡駿馬而歸。人皆賀之, 其父曰, 此何遽不能爲禍乎。家富良馬, 其子好騎, 墮而折其髀。人皆弔之, 其父曰, 此何遽不爲福乎。居一年, 胡人大入塞, 丁壯者引弦而戰。近塞之人, 死者十九, 此獨以跛之故, 父子相保。故福之爲禍, 禍之爲福, 化不可極, 深不可測也 。"

번역 :《회남자·인간훈》, "무릇 화와 복은 바뀌면서 서로를 만들어 내는 것으로, 그 변화는 알기가 어렵다. 변방 가까이에 사는 사람 중에 술법(術法)에 능한 이가 있었는데, 말이 까닭 없이 달아나

흉노 지역으로 들어갔다. 사람들이 모두 그를 위로하자 그 노인이 말하기를, '이것이 어쩌면 뜻밖에 복이 되지 않겠는가?'라고 하였다. 몇 달이 지나 그 말이 흉노의 준마를 이끌고 돌아왔다. 사람들이 모두 그를 축하하자 그 노인이 말하기를, '이것이 어쩌면 뜻밖에 화가 될 수 있지 않겠는가?'라고 하였다. 집에 좋은 말이 많았는데, 그의 아들이 말 타기를 좋아하다 떨어져서 다리가 부러졌다. 사람들이 모두 위로하자 그 노인이 말하기를, '이것이 어쩌면 뜻밖에 복이 되지 않겠는가?'라고 하였다. 1년이 지나 흉노가 대거 변방을 침입하게 되자 장정들은 활을 당기며 싸웠다. 변방 가까이의 사람들이 죽은 자가 열에 아홉이었는데 이 아들만은 절름발이라서 아버지와 아들 모두 무사하였다. 그러므로 복이 화가 되고 화가 복이 되니, 변화를 끝까지 추구할 수 없고 깊이를 헤아릴 수 없다."

三不知 sānbùzhī

삼부지 : 세 가지를 알지 못하다.

풀이

아무 것도 모르는 것을 비유한다.[세 가지는 처음, 중간, 끝을 가리킨다.]

출전 : 《左傳·哀公二十七年》, "君子之謀也, 始衷終皆擧之, 而後人焉。今我三不知而入之, 不亦難乎。"

번역 : 《좌전·애공 27년》, "군자가 일을 계획할 때에는, 처음, 중간, 끝을 모두 고려한 뒤에 실천에 들어간다. 지금 나는 세 가지를 알지 못하고 들어갔으니, 또한 어렵지 않겠는가?"

三姑六婆　sān ·gū liù pó

삼고육파 : 삼고와 육파

 풀이

정당하지 않은 일에 종사는 여인들을 비유하는 말이다.[옛날 삼고와 육파는 직업의 성격상 왕왕 나쁜 짓을 하였다.]

출전 : 元 陶宗儀,《輟耕彔》卷十, "三姑者, 尼姑, 道姑, 卦姑也。六婆者, 牙婆, 媒婆, 師婆, 虔婆, 藥婆, 穩婆也。"

번역 : 원 도종의,《철경록》권 10, "삼고라는 것은 여승, 여도사, 여자 점쟁이이다. 육파라는 것은 아파(牙婆, 인신매매를 하는 여인), 매파(媒婆, 중매쟁이), 사파(師婆, 여자 무당), 건파(虔婆, 기생어미), 약파(藥婆, 병을 치료해 주는 여인), 온파(穩婆, 산파)이다."

三顾茅庐(三顧茅廬)　sān gù máo lú

삼고모려 : 세 번 초가집을 방문하다.

 풀이

인재를 얻기 위해 수고를 아끼지 않는 것을 비유한다. '삼고초려(三顾草庐)'라고도 한다.

출전 :《三國志·諸葛亮傳》, "時左將軍劉備, 以亮有殊量, 乃三顧亮於草廬之中。"

번역 :《삼국지·제갈량전》, "당시에 좌장군 유비는 제갈량이 특별한

도량이 있다고 여겨, 이에 제갈량을 초가집으로 세 번이나 찾아 갔다.”

三缄其口(三緘其口) sān jiān qí kǒu

삼함기구 : 세 겹으로 입을 막다.

 **풀이**

말을 조심하는 것을 비유한다.

[출전] : 漢 劉向, 《說苑·敬愼》, “孔子之周, 觀於太廟。右陛之側, 有金人焉, 三緘其口, 而銘其背曰, 古之愼言人也。”

[번역] : 한 유향, 《설원·경신》, “공자가 주나라에 가서 태묘를 참관하였다. 우측 계단 옆에 쇠로 만든 사람이 있었는데, 세 겹으로 입을 막았고 그 등에는 ‘옛날에 말을 조심했던 사람’이라고 새겨져 있었다.”

三人成虎(三人成虎) sān rén chéng hǔ

삼인성호 : 세 사람이 호랑이를 만든다.

 **풀이**

잘못된 소문도 여러 차례 반복되면 사람들이 믿게 됨을 비유한다.

[출전] : 《戰國策·魏策》, “夫市之無虎, 明矣, 然而三人言, 而成虎。”

[번역] : 《전국책·위책》, “대저 시장에 호랑이가 없는 것이 분명하더라

도, 세 사람이 말하면 호랑이를 만든다.”

喪家之狗(丧家之狗)　sāng jiā zhī gǒu

상가지구 : 상갓집 개

 **풀이**

의지할 곳이 없어 처량한 사람을 비유한다.

출전 :《史記·孔子世家》, “孔子適鄭, 與弟子相失。孔子獨立郭東門, 鄭人或謂子貢曰, 東門有人, 其顙似堯, 其項類皋陶, 其肩類子產, 然自要以下不及禹三寸。纍纍若喪家之狗。”

번역 :《사기·공자세가》, “공자가 정나라에 갔다가 제자들과 길이 어긋났다. 공자가 혼자 성곽의 동문에 서 있었는데, 정나라 사람 가운데 어떤 이가 자공에게, ‘동문에 사람이 있는데, 그 이마는 요임금과 같고 그 목은 고요를 닮았고 그 어깨는 자산을 닮았지만, 허리 아래로는 우임금보다 세 치가 못 미쳤습니다. 초라한 것이 마치 상갓집 개와 같았습니다.’라고 하였다.”[‘요(要)’는 ‘요(腰)’의 원래 자이다.]

桑梓　sāngzǐ

상재 : 뽕나무와 가래나무

 **풀이**

고향을 비유하는 말이다. 원래는 고향의 뽕나무와 가래나무는 부

모님이 심으신 것이라서 그것에 대해서도 공경해야 한다는 뜻이
었다.

출전 : 《詩經·小雅·小弁》, "維桑與梓, 必恭敬止。",

번역 : 《시경·소아·소반》, "뽕나무와 가래나무도 반드시 공경해야
한다."

杀身成仁(殺身成仁)　shā shēn chéng rén

살신성인 : 자기 몸을 희생하여 인을 이루다.

풀이

유가(儒家)의 이상인 인(仁)을 이루기 위하여 목숨까지 바칠 수
있다는 자세를 가리킨다.

출전 : 《論語·衛靈公》, "志士仁人, 無求生以害仁, 有殺身以
成仁。"

번역 : 《논어·위령공》, "뜻 있는 선비와 어진 사람은 생명을 추구하기
위해 인을 해치는 경우가 없고, 자기 몸을 희생하여 인을 이루는
경우는 있다."

山雨欲来风满楼(山雨欲來風滿樓)　shān yǔ yù lái fēng mǎn lóu

산우욕래풍만루 : 산에 비가 내리려 하니 바람이 누대에
가득하다.

 풀이

중대한 일이 일어나기 전의 긴장된 분위기를 비유한다.

출전 : 唐 許渾, 〈咸陽城東樓〉, “溪雲初起日沉閣, 山雨欲來風滿樓。”

번역 : 당 허혼, 〈함양성동루〉, “반계(磻溪)에 구름이 막 일어나니 해는 누각에 잠기고, 산에 비가 내리려 하니 바람이 누대에 가득하다.”

上行下效 shàng xíng xià xiào

상행하효 : 윗사람이 하는 것을 아랫사람이 본받는다.

 풀이

윗사람이 하는 대로 아랫사람이 따라 하는 것을 비유한다.[주로 좋지 않은 일을 가리킨다.]

출전 : 漢 班固, 《白虎通·三敎》, “敎者, 效也。上爲之, 下效之。”

번역 : 한 반고, 《백호통·삼교》, “가르침이라는 것은 본받는 것이다. 윗사람이 하는 것을 아랫사람이 본받는다.”

少见多怪(少見多怪) shǎo jiàn duō guài

소견다괴 : 본 것이 적으면 이상한 것이 많다.

 풀이

견문이 좁아 세상사에 어두움을 형용한다.

 : 漢 牟融, 〈理惑論〉, "諺云, 少所見, 多所怪, 睹駱駝, 謂馬
腫背。"

 : 한 모융, 〈이혹론〉, "속담에 이르기를, '본 것이 적으면 이상한
것이 많다.'라고 하였는데, 낙타를 보고 '말이 등에 혹이 난 것'
이라고 한다."

蛇足 ☞ 画蛇添足
shézú ☞ huà shé tiān zú

사족 ☞ 화사첨족

舍生取义(舍生取義) shě shēng qǔ yì

사생취의 : 생명을 버려 정의를 취하다.

옳은 일을 위해 목숨을 바치는 것을 비유한다.

 : 《孟子 · 告子上》, "生, 亦我所欲也, 義, 亦我所欲也, 二者
不可得兼, 舍生而取義者也。"

 : 《맹자 · 고자상》, "삶도 내가 바라는 것이고 정의도 내가 바라
는 것인데, 두 가지를 겸할 수 없다면 삶을 버리고 정의를 취하
겠다."

社稷(社稷)　shèjì

사직 : 토지 신과 곡식 신

 풀이

국가를 의미한다. 원래는 토지 신과 곡식 신을 제사하는 사당을
일컫는 말이었다.

출전 : 《書經·太甲上》, "先王顧諟天之明命, 以承上下神祇, 社稷
宗廟, 罔不祗肅。"

번역 : 《서경·태갑상》, "선왕[탕(湯)임금]께서 이 하늘의 밝은 명을
돌아보시어, 하늘의 신과 땅의 신을 받들며, 사직과 종묘를 공경
하고 엄숙히 하지 않음이 없으셨습니다."

舍利　shèlì

사리 : 범어 'sarira'를 음역한 불교 용어

풀이

석가모니 사후에 화장하고 남은 결정체를 일컫는다. 후에는 고
승들의 경우에도 사리라고 하였다. '사리자(舍利子)'라고도 한
다.

출전 : 《魏書·釋老志》, "佛旣謝世, 香木焚尸。靈骨分碎, 大小如
粒, 擊之不壞, 焚亦不燋, 或有光明神驗。胡言謂之舍利。"

번역 : 《위서·석로지》, "부처가 세상을 떠나자 향나무로 시체를 화장
하였다. 뼈를 부수니 크고 작은 것들이 곡식알 같은데, 깨도 깨

지지 않고 태워도 타지 않았으며, 어떤 것들은 밝은 빛과 신묘한 징조가 있었다. 인도인들은 그것을 '사리'라고 불렀다."

深藏若虛(深藏若虛)　　shēn cáng ruò xū

심장약허 : 깊이 감추어 두고 비어 있는 듯이 하다.

 풀이

진귀한 물건을 감추어 두고 없는 것처럼 하듯이, 실력과 재능이 있으면서도 남 앞에서 드러내지 않음을 비유한다.

출전 : 《史記·老子韓非列傳》, "良賈深藏若虛, 君子盛德, 容貌若愚。"

번역 : 《사기·노자한비열전》, "뛰어난 장사꾼은 깊이 감추어 두고 비어 있는 듯이 하며, 군자는 덕이 성대하면서도 그 모습은 어리석은 듯이 한다."

深入淺出(深入淺出)　　shēn rù qiǎn chū

심입천출 : 깊이 들어가서 얕게 나오다.

 풀이

깊이 있는 내용을 쉽게 표현하는 것을 비유한다.

출전 : 淸 袁枚, 《隨園詩話·卷七》, "今讀其詩, 從容和雅, 如天衣之無縫。深入淺出, 方臻此境。"

[번역] : 청 원매, 《수원시화·권 7》, "지금 그 시를 읽어보면, 차분하고 고상하여 솔기가 없는 선녀의 옷과 같다. 깊이 들어가서 얕게 나와야 비로소 이러한 경지에 이른다."

神出鬼没(神出鬼沒)　shén chū guǐ mò

신출귀몰 : 신처럼 나타나고 귀신처럼 없어지다.

풀이

변화무쌍하여 헤아리기 어려움을 비유한다.

[출전] :《淮南子·兵略訓》, "善者之動也, 神出而鬼行。"

[번역] :《회남자·병략훈》, "뛰어난 자의 움직임은, 신처럼 나타나고 귀신처럼 움직인다."

神州(神州)　Shénzhōu

신주 : 신주

풀이

중국, 또는 중원 지역을 일컫는 말이다. '적현신주(赤縣神州)', 또는 '신주적현(神州赤縣)'이라고도 한다.[전국시대의 추연(鄒衍)이 중국을 일컬어 '적현신주(赤縣神州)'라고 한 데에서 유래하였다.]

[출전] :《史記·孟子荀卿列傳》, "中國, 名曰赤縣神州。赤縣神州內, 自有九州。禹之序九州, 是也。"

 :《사기·맹자순경열전》, "[추연(鄒衍)은] 중국을 일컬어 '적현신
주'라고 하였다. 적현신주 안에는 그 자체로 구주가 있다. 우임
금이 구주를 차례 매긴 것이 그것이다."

甚囂尘上(甚囂塵上) shèn xiāo chén shàng

심효진상 : 매우 시끄럽고 먼지가 드날린다.

풀이

의론이 분분함을 형용한다.[부정적인 뜻이다.]

 :《左傳·成公十六年》, "楚子登巢車, 以望晉軍, … 徹幕
矣。曰, 將發命也。甚囂, 且塵上矣。曰, 將塞井夷竈而
爲行也。"

 :《좌전·성공 16년》, "초왕이 망보는 수레에 올라 진나라 군대를
보고, … '군막을 거두는구나.'라고 하자, 장차 '명을 내릴 것입
니다.'라고 하였다. '매우 소란스러우며 게다가 먼지도 솟는구
나.'라고 하자, '우물을 메우고 아궁이를 고르고서 대오를 짜려
는 것입니다.'라고 하였다."

生花之笔(生花之筆) shēng huā zhī bǐ

생화지필 : 꽃이 피어나는 붓

풀이

뛰어난 글재주를 비유하는 말이다. '생화묘필(生花妙筆)', 또는

'필생화(筆生花)'라고도 한다.

 : 五代　王仁裕,《開元天寶遺事·夢筆頭生花》, "李太白少時, 夢所用之筆頭上生花, 後天才贍逸, 名聞天下。"

 : 오대 왕인유, 《개원천보유사·몽필두생화》, "이태백이 젊었을 때, 쓰던 붓끝에서 꽃이 피어나는 꿈을 꾸었다. 이후로 타고난 재능이 뛰어나 이름이 천하에 알려지게 되었다."

声东击西(聲東擊西)　shēng dōng jī xī

성동격서 : 동쪽을 친다고 소문내고 서쪽을 치다.

풀이

적을 교란시키기 위하여 이쪽을 치는 척하고 다른 쪽을 공격하는 것을 형용한다.

 :《通典·兵典六》, "聲言擊東, 其實擊西。"

 :《통전·병전 6》, "말로는 동쪽을 친다고 하고, 사실은 서쪽을 친다."

升堂入室　shēng táng rù shì

승당입실 : 마루에 오르고 방에 들어가다.

풀이

학문이나 기예가 점점 향상되어 높은 경지에 이르는 것을 비유한

다.[원래는 학문의 도달 정도를 비유하는 말이었다.]

출전 : 《論語・先進》, "由也升堂矣, 未入於室也。"

번역 : 《논어・선진》, "유[공자의 제자 중유(仲由)로, 자가 자로(子路) 이다.]는 마루에는 올랐고, 아직 방에 들어가지 못했다."

失道寡助(失道寡助) shī dào guǎ zhù

실도과조 : 도를 잃으면 도움이 적다.

풀이

도리를 거스르면 사람들의 지지를 받을 수 없음을 비유한다.

출전 : 《孟子・公孫丑下》, "得道者多助, 失道者寡助。寡助之至, 親戚畔之, 多助之至, 天下順之。"

번역 : 《맹자・공손추하》, "도를 얻은 자는 도와 주는 이가 많고, 도를 잃은 자는 도와 주는 이가 적다. 도와 주는 이가 적은 것이 극에 달하면 친척들도 배반하고, 도와 주는 이가 많은 것이 극에 달하면 천하 사람들이 따른다."

失之东隅, 收之桑榆(失之東隅, 收之桑榆) shī zhī dōngyú, shōu zhī sāngyú

실지동우, 수지상유 : 동우에서 잘못되었지만 상유에서 거둔다.

풀이

처음에는 실패했지만 결국에는 성공하게 됨을 비유한다. ['동우
(東隅)'는 동쪽의 해 뜨는 곳으로, 아침을 가리킨다. '상유(桑
楡)'는 서쪽의 해 지는 곳으로, 저녁을 가리킨다.]

출전 :《後漢書·馮異傳》, "始雖垂翅回谿, 終能奮翼澠池, 可謂失
之東隅, 收之桑楡。"

번역 :《후한서·풍이전》, "처음에는 비록 회계에서 날개를 접었지만
끝내 민지에서 날개를 떨칠 수 있었으니, '동우에서 잘못되었지
만, 상유에서 거두었다.' 라고 할 만하다."

尸位素餐　shī wèi sù cān

시위소찬 : 시동의 자리에서 그저 먹기만 하다.

풀이

자리만 차지하고 제대로 일하지 않는 것을 비유한다. [소찬(素餐)
sùcān 참조]

출전 :《漢書·硃雲傳》, "今朝廷大臣, 上不能匡主, 下亡以益民,
皆尸位素餐。"

번역 :《한서·주운전》, "지금 조정의 대신들은, 위로는 폐하를 바로잡
지 못하고 아래로는 백성들을 이롭게 함이 없으니, 모두가 시위
소찬하는 자들입니다."

十目所视, 十手所指(十目所視, 十手所指)
shí mù suǒ shì, shí shǒu suǒ zhǐ

십목소시, 십수소지 : 열 눈이 보고 열 손이 가리킨다.

 풀이

잘못은 결국은 드러나는 법이라서, 남을 속이고 나쁜 짓을 할 수 없음을 비유한다. '십목십수(十目十手)'라고도 한다.

출전 : 《禮記·大學》, "十目所視, 十手所指, 其嚴乎。"

번역 : 《예기·대학》, "열 눈이 보는 바이고 열 손이 가리키는 바이니, 무섭도다."

十年树木, 百年树人(十年樹木, 百年樹人)
shí nián shù mù, bǎi nián shù rén

십년수목, 백년수인 : 십 년이면 나무를 심고, 백 년이면 사람을 심는다.

풀이

나무를 기르는 데에는 십 년이 필요하고 인재를 양성하는 데에는 백 년이 필요하다. 인재를 기르는 것이 장구한 계획임을 비유한다. 또한 인재를 기르는 것이 매우 어려움을 형용한다.

출전 : 《管子·權修》, "一年之計, 莫如樹穀, 十年之計, 莫如樹木, 終身之計, 莫如樹人。"

번역 : 《관자·권수》, "일 년의 계획은 곡식을 심는 것 만한 것이 없고,

십 년의 계획은 나무를 심는 것 만한 것이 없으며, 일생의 계획
은 인재를 기르는 것 만한 것이 없다."

石破天惊(石破天驚)　shí pò tiān jīng

석파천경 : 돌이 깨지고 하늘도 놀라다.

풀이

음악 소리가 높고 격렬하여 천지를 울리는 힘이 있음을 가리킨다.
후에는, 어떤 일이나 문장의 착상이 기발하여 사람을 놀라게 하는
것을 비유하는 말로 쓰였다.

출전 : 唐 李賀, 〈李憑箜篌引〉, "十二門前融冷光, 二十三絲動紫
皇。女媧煉石補天處, 石破天驚逗秋雨。"

번역 : 당 이하, 〈이빙공후인〉, "장안성 열두 대문 앞의 찬 불빛을 녹이
고, 스물세 개의 줄은 천제(天帝)를 감동시키네. 여와가 돌을
달구어 하늘을 메운 곳에, 돌이 깨지고 하늘도 놀라 가을비를
내리게 하네."

识荆(識荊)　shí jīng

식형 : 형주 장사(長史)를 알다.

풀이

처음으로 만나거나 알게 되는 것을 높여 부르는 말이다.

출전 :唐 李白, 〈與韓荊州書〉, "白聞天下談士, 相聚而言曰, 生
不用封萬戶侯, 但願一識韓荊州。何令人之景慕一至於
此耶?"

번역 : 당 이백, 〈여한형주서〉, "제가 들으니 천하의 담론하는 선비들이
모여서 말하기를, '살아서 만 호의 제후에 봉해질 필요 없고, 다
만 한 번 한형주와 알게 되기를 바란다.'라고 합니다. 어떻게 하
여 사람들의 경모함이 한결같이 이렇게까지 되도록 하셨는지
요?"[한형주(韓荊州)는 당시에 형주(荊州)의 장사(長史)로 있
던 한조종(韓朝宗)을 가리킨다.]

识时务者为俊杰(識時務者爲俊傑)
shí shíwù zhě wéi jùnjié

식시무자위준걸 : 제때의 일을 아는 자가 호걸이다.

풀이

현재의 일이나 상황을 확실하게 인식할 수 있어야 뛰어난 인물이
라는 뜻이다.

출전 :《三國志·蜀書·諸葛亮傳》注, "儒生俗士, 豈識時務? 識
時務者, 在乎俊傑。此間自有伏龍鳳雛。"

번역 :《삼국지·촉서·제갈량전》 주, "유생이나 세속의 선비가 어찌
제때의 일을 알겠습니까? 제때의 일을 아는 자는 호걸 중에 있
습니다. 이곳에 본디 '엎드린 용[복룡(伏龍)]'과 '봉황의 새끼
[봉추(鳳雛)]'가 있습니다."

实事求是(實事求是)　shí shì qiú shì

실사구시 : 사실에 근거하여 진리를 추구하다.

 풀이

사실을 분명히 밝혀 올바른 이치를 얻는 것을 일컫는다. 지금은 실제 상황에 입각하여 문제를 처리는 것을 비유하는 말로 쓰인다.

출전 :《漢書·景十三王傳》, "河間獻王德, 孝景前二年立, 修學好古, 實事求是。"

번역 :《한서·경십삼왕전》, "하간헌왕 유덕(劉德)은 효경제 전 2년에 (하간헌왕에) 봉해졌는데, 학문을 닦고 옛것을 좋아했으며, 사실에 근거하여 진리를 추구하였다."

食言而肥　shí yán ér féi

식언이비 : 말을 먹어 살이 찌다.

 풀이

자신이 한 말을 책임지지 않거나 약속을 지키지 않음을 비유한다.

출전 :《左傳·哀公二十五年》, "是食言多矣, 能无肥乎!"

번역 :《좌전·애공 25년》, "이 사람은 식언한 것이 많으니, 살찌지 않을 수 있겠는가!"

始作俑者(始作俑者)　shǐ zuò yǒng zhě

시작용자 : 처음으로 나무 인형을 만든 자.

풀이

나쁜 선례를 만든 사람을 비유한다.[공자(孔子)가, 나무 인형을 만들어 처음으로 순장에 썼던 사람을 비판한 데에서 유래한 말이다.]

출전 :《孟子·梁惠王上》, "仲尼曰, 始作俑者, 其無後乎。爲其象人而用之也。"

번역 :《맹자·양혜왕상》, "공자가 말씀하시기를, '처음으로 나무 인형을 만든 사람은 아마도 후손이 없었을 것이다.' 라고 하셨는데, 그것이 사람을 (너무) 닮게 만들어 썼기 때문입니다."

事半功倍　shì bàn gōng bèi

사반공배 : 일은 반이고 공은 배이다.

풀이

힘을 적게 들이고도 수확이 큰 것을 비유한다.

출전 :《孟子·公孫丑上》, "當今之時, 萬乘之國, 行仁政, 民之悅之, 猶解倒懸也。故事半古之人, 功必倍之, 惟此時爲然。"

번역 :《맹자·공손추상》, "이 때에 만승의 나라가 어진 정치를 한다면,

백성들이 기뻐함은 거꾸로 매달아 놓은 것을 풀어 주는 것과 같
을 것이다. 그러므로 일은 옛사람의 반만 하고도 공은 반드시 배
가 되리니, 오직 지금만이 그러할 것이다.”

勢不两立(勢不兩立)　shì bù liǎng lì

세불양립 : 세력이 양쪽 모두가 존립하지는 못한다.

풀이

적대적인 세력은 공존할 수 없음을 비유한다.

출전 :《戰國策·楚策》, “楚强則秦弱, 楚弱則秦强。此其勢不
兩立。”

번역 :《전국책·초책》, “초나라가 강해지면 진나라가 약해지고, 초나
라가 약해지면 진나라가 강해집니다. 이것은 그 세력이 양쪽 모
두 공존할 수는 없기 때문입니다.”

勢如破竹(勢如破竹) shì rú pò zhú

세여파죽 : 기세가 대나무를 쪼개는 것과 같다.

풀이

세력이 강해 대적할 상대가 없음을 비유한다.

출전 :《晉書·杜預傳》, “今兵威已振。譬如破竹, 數節之後, 皆迎
刃而解, 無復著手處也。”

[번역] :《진서·두예전》, "지금 군대의 위세가 이미 떨쳐져 있습니다. 비
유하자면 대나무를 쪼개는데, 여러 마디의 뒤까지 모두 칼날을
받아 쪼개져 다시 손댈 곳이 없는 것과 같습니다."

视而不见(視而不見)　shì ér bù jiàn

시이불견 : 보아도 보이지 않다.

풀이

주의를 기울여 보지 않음을 비유한다.

[출전] :《禮記·大學》, "心不在焉, 視而不見, 聽而不聞, 食而不知
其味。"

[번역] :《예기·대학》, "마음이 거기에 있지 않으면, 보아도 보이지 않
고, 들어도 들리지 않고, 먹어도 그 맛을 알지 못한다."

世外桃源　shì wài. Táoyuán

세외도원 : 세상 밖의 도화원

풀이

평화롭고 아름다운 이상향을 가리키는 말이다.

[출전] : 晉　陶淵明,〈桃花源記〉, "忽逢桃花林, 夾岸數百步。中無
雜樹, 芳草鮮美, 落英繽紛。 … 自云先世避秦時亂, 率妻
子邑人, 來此絶境, 不復出焉, 遂與外人間隔。"

번역 : 진 도연명, 〈도화원기〉, "홀연 복숭아꽃이 핀 숲을 만났는데, 언덕
을 끼고 수백 보에 달했다. 그 가운데 다른 잡목은 없고 향기로운
풀은 아름다우며 떨어지는 꽃잎이 어지러이 날렸다. … 그들이 말
하기를, '선대에 진(秦)나라 때의 난리를 피해 처자와 마을 사람들
을 데리고 이 동떨어진 곳에 와서는 다시 세상에 나가지 않아, 마
침내 외부 사람들과 떨어지게 되었다.'라고 하였다."

式微　shìwēi

식미 : 《시경(詩經)·패풍(邶風)》의 편명이다.

풀이

국가나 세도가의 몰락을 가리킨다. 또는 사물이 쇠락함을 가리키
기도 한다.

출전 : 《詩經·邶風·式微》, "式微式微, 胡不歸。微君之故, 胡
爲乎中露。"

번역 : 《시경·패풍·식미》, "쇠약하고 쇠약해졌는데, 어찌 돌아가지
않으시는지. 그대 때문이 아니라면 무엇 때문에 이슬 속에서 젖
으리오."[여후(黎侯)가 나라를 잃고 외지에 있을 때, 신하가 임
금에게 돌아가 국권을 회복하라고 권하는 내용이다.]

舐痔　shìzhì

지치 : 남의 치질을 핥다.

 **풀이**

권세가에게 아부하는 행위를 비유한다.

출전 :《莊子·列御寇》, "秦王有病召醫, 破癰潰痤者得車一乘, 舐痔者得車五乘。"

번역 :《장자·열어구》, "진왕이 병이 있어 의사를 불렀는데, 종기를 따고 부스럼을 없애는 자는 수레 한 대를 얻고, 치질을 핥는 자는 수레 다섯 대를 얻었다."

嗜痂之癖　shì jiā zhī pǐ

기가지벽 : 상처 딱지를 좋아하는 성벽

풀이

괴팍한 기호를 비유한다. '기가성벽(嗜痂成癖)'이라고도 한다.

출전 :《南史·劉穆之傳》, "邕性嗜食瘡痂, 以爲味似鰒魚。"

번역 :《남사·유목지전》, "(유목지의 손자인) 유옹(劉邕)은 본성이 상처 딱지 먹는 것을 좋아하여, 맛이 전복 같다고 하였다."

噬脐莫及(噬臍莫及)　shì qí mò jí

서제막급 : 자신의 배꼽을 물어뜯으려 해도 닿지 않는다.

풀이

후회해도 소용 없음을 비유한다.

출전 :《左傳·莊公六年》, "亡鄧國者, 必此人也。若不早圖, 後君
噬齊, 其及圖之乎。"

번역 :《좌전·장공 6년》, "등나라를 멸망시킬 자는 반드시 이 사람일 것입니다. 만약 미리 손쓰지 않는다면, 후에 전하께서는 배꼽을 물어뜯는 격이 되리니, 바라건대 때에 미쳐 그를 처리하십시오." ['제(齊)'는 '제(臍)'와 같다.]

手不释卷(手不釋卷)　shǒu bù shì juàn

수불석권 : 손에서 책을 놓지 않다.

풀이

공부에 매진하는 것을 비유한다.

출전 :《三國志·吳志·呂蒙傳》注, "光武當兵馬之務, 手不釋卷, 孟德亦自謂老而好學。卿何獨不自勉勗耶?"

번역 :《삼국지·오지·여몽전》 주, "(후한) 광무제는 전쟁의 일을 감당하면서도 손에서 책을 놓지 않았고, 조조[曹操, 맹덕은 조조의 자이다.] 또한 스스로를 일컬어, '늙어서도 배우기를 좋아한다.' 라고 하였소. 그대만은 어찌 스스로 힘쓰지 않소?"

手舞足蹈　shǒu wǔ zú dǎo

수무족도 : 손이 춤추고 발이 구르다.

 **풀이**

매우 즐거운 상태를 비유한다.

출전 : 〈詩大序〉, "情動於中而形於言。言之不足, 故嗟歎之。嗟歎之不足, 故永歌之。永歌之不足, 不知手之舞之, 足之蹈之也。"

번역 : 〈시대서〉, "감정이 마음속에서 움직여 말로 드러난다. 말하는 것이 부족하여 감탄하게 된다. 감탄하는 것이 부족하여 길게 노래하게 된다. 길게 노래하는 것이 부족하여 자기도 모르게 손이 춤추게 되고 발이 구르게 된다."

手泽(手澤)　shǒuzé

수택 : 손때

 **풀이**

조상의 자취나 유품을 일컫는 말이다.

출전 : 《禮記・玉藻》, "父沒而不能讀父之書, 手澤存焉爾。"

번역 : 《예기・옥조》, "아버지가 돌아가신 뒤 아버지의 책을 읽지 못하는 것은, 손때가 거기에 남아 있기 때문이다."

首鼠两端(首鼠兩端)　shǒu shǔ liǎng duān

수서양단 : 머리를 내민 쥐가 양쪽을 살피다.

망설이며 결정하지 못하거나, 안정을 찾지 못하는 것을 비유한다.

출전 :《史記·魏其武安侯列傳》, “武安已罷朝, 出止車門, 召韓禦
史大夫載, 怒曰, 與長孺共一老禿翁, 何爲首鼠兩端?”

번역 :《사기·위기무안후열전》, “무안후는 조회가 파한 뒤 지거문
[止車門, 수레를 세워 두는 문]을 나와, 어사대부 한안국(韓
安國)을 불러 수레를 태우고 화내며 말하였다. ‘그대와 머리
빠진 한 늙은이를 상대하는데, 어찌하여 머리를 내민 쥐가
양쪽을 살피듯 망설이는가?’”[장유(長孺)는 한안국의 자이
고, 독옹(禿翁)은 위기후(魏其侯) 두영(竇嬰)을 가리킨다.]

守株待兔(守株待兔) shǒu zhū dài tù

수주대토 : 그루터기를 지키면서 토끼를 기다리다.

노력하지 않고 요행을 바라는 것을 비유한다. 변통할 줄 모르는
것을 비판하는 말로도 쓰인다.

출전 :《韓非子·五蠹》, “宋人有耕田者。田中有株, 兔走觸株, 折
頸而死。因釋其耒而守株, 冀復得。兔不可復得, 而身爲
宋國笑。”

번역 :《한비자·오두》, “송나라 사람 중에 밭을 가는 이가 있었다. 밭
가운데 그루터기가 있었는데, 토끼가 뛰어가다 그루터기에 부

딪혀 목이 부러져 죽었다. 이 일로 인하여 쟁기를 놓아 둔 채 그
루터기를 지키며, 다시 토끼를 얻고자 하였다. 토끼를 다시 얻
을 수 없었을 뿐 아니라, 자신은 송나라 사람들에게 비웃음을
당했다."

菽麦(菽麥) shūmài

숙맥 : 콩과 보리

풀이

쉽게 구별되는 물건을 가리킨다. 나아가 콩과 보리도 구분하지 못
하는 어리석은 사람을 비유한다. '불변숙맥(不辨菽麦)'이라고도
한다.

출전 : 《左傳·成公十八年》, "周子有兄而無惠, 不能辨菽麥。故
不可立。"

번역 : 《좌전·성공 18년》, "주자에게 형이 있는데 지혜가 없어, 콩과
보리도 구분할 수 없었다. 그래서 (임금으로) 세울 수가 없었
다."['혜(惠)'는 '혜(慧)'와 통한다.]

殊途同归(殊塗同歸) shū tú tóng guī

수도동귀 : 길은 다르나 귀결은 같다.

풀이

길은 다르지만 목적지가 같음을 비유한다. 나아가 방법은 다르지

출전 :《周易·繫辭下》, "天下同歸而殊塗, 一致而百慮。"

번역 :《주역·계사하》, "천하의 모든 일은 귀결점은 같으나 길은 다르며, 이치는 하나이나 생각은 백 가지이다."

鼠窃狗盗(鼠竊狗盜) shǔ qiè gǒu dào

서절구도 : 쥐처럼 훔치고 개처럼 도둑질하다.

풀이

좀도둑을 가리킨다. 떳떳하지 못한 짓을 비유하기도 한다. '서절구투(鼠窃狗偸)'라고도 한다.

출전 :《史記·劉敬叔孫通傳》, "此特群盜, 鼠竊狗盜耳, 何足置之齒牙間。"

번역 :《사기·유경숙손통전》, "이들은 단지 도적의 무리로, 쥐처럼 훔치고 개처럼 도둑질할 뿐이니, 어찌 족히 거론할 것이 있겠습니까?"

蜀犬吠日 Shǔ quǎn fèi rì

촉견폐일 : 촉 지방의 개가 해를 보고 짖다.

풀이

견문이 좁아 신기해하는 것이 많음을 비유한다.

출전 : 唐 柳宗元, 〈答韋中立論師道書〉, “僕往聞, 庸蜀之南, 恒雨
少日, 日出則犬吠。”

번역 : 당 유종원, 〈답위중립론사도서〉, “제가 전에 듣기에, 사천 지방
의 남쪽은 항상 비가 오고 해 뜨는 날이 적어, 해가 나오면 개들
이 짖는다고 합니다.”[‘용(庸)’과 ‘촉(蜀)’은 모두 사천 지역의
옛 나라 이름이다.]

数典忘祖(數典忘祖) shǔ diǎn wàng zǔ

수전망조 : 전장제도(典章制度)를 열거하지만 조상을 잊
었다.

풀이

자신의 근본에 대해 무지한 것을 비유한다.[춘추시대 진(晉)나라
의 적담(籍談)이 주(周) 왕실에 사자로 갔는데, 천자의 질문에 제
대로 답변하지 못하였다. 이에 천자는 적담이 국가의 전장제도를
말하면서, 역사책을 관리하던 자기 조상의 직분은 잊어버렸다고
비판하였다.]

출전 : 《左傳·昭公十五年》, “王曰 … 昔而高祖孫伯黶, 司晉之典
籍, 以爲大政, 故曰籍氏。及辛有之二子董之晉, 於是乎有
董史。女, 司典之後也, 何故忘之? 籍談不能對。賓出, 王
曰, 籍父其無後乎! 數典而忘其祖。”

번역 : 《좌전·소공 15년》, “천자가 묻기를 … ‘전에 그대의 먼 조상인

손백염이 진나라의 전적을 맡아 훌륭한 정치를 하여 적씨로 불리게 되었다. 신유(辛有)의 둘째 아들 동(董)이 진나라에 가게 되면서, 이에 '동사(董史)'가 있게 되었다. 그대는 전적을 맡은 후예로서 어찌하여 그것을 잊었는가?'라고 하자 적담이 대답하지 못하였다. 빈객이 나가자 천자가, '적담은 아마도 후손이 없으리라. 전장제도를 열거하지만 자신의 조상을 잊었으니.'라고 하였다."

数米而炊(數米而炊) shǔ mǐ ér chuī

수미이취 : 쌀을 세어 밥을 하다.

풀이

작은 일에 힘을 낭비하는 것을 비유한다. 혹은 사람이 인색하거나, 생활이 곤궁한 것을 비유하기도 한다.

출전 :《莊子 · 庚桑楚》, "簡髮而櫛, 數米而炊, 竊竊乎又何足以濟世哉!"

번역 :《장자 · 경상초》, "머리를 가려 가며 빗질하고, 쌀을 세어 가며 밥을 하니, 세세하여 또한 어찌 세상을 구제할 수 있겠는가!"

水落石出 shuǐ luò shí chū

수락석출 : 물이 줄어들자 돌이 드러나다.

 **풀이**

일의 진상이 밝혀지는 것을 비유한다.

출전 : 宋 歐陽修, 〈醉翁亭記〉, "野芳發而幽香, 佳木秀而繁陰, 風霜高潔, 水落而石出者, 山間之四時也。"

번역 : 송 구양수, 〈취옹정기〉, "들꽃이 피어 그윽하게 향기를 풍기고, 아름다운 나무가 자라나 짙게 그늘을 드리우며, 바람은 높이 불고 서리는 깨끗하며, 물이 줄어들자 돌이 드러나는 것이 산 중의 네 계절이다."

水至清则无鱼(水至淸則無魚)
shuǐ zhì qīng zé wú yú

수지청즉무어 : 물이 너무 맑으면 고기가 없다.

사람을 대함에 있어 너무 살피면 따르는 이가 없음을 비유한다. '수청무어(水淸无鱼)'라고도 한다.

출전 : 《大戴禮記·子張問人官》, "水至淸則無魚, 人至察則無徒。"

번역 : 《대대례기·자장문입관》, "물이 너무 맑으면 고기가 없고, 사람이 너무 살피면 따르는 이가 없다."

说长道短(說長道短) shuō cháng dào duǎn

설장도단 : 장단점을 말하다.

 풀이

잘잘못을 따지는 것을 비유한다.

출전 : 漢 崔瑗, 〈座右銘〉, "無道人之短, 無說己之長。"

번역 : 한 최원, 〈좌우명〉, "남의 단점을 말하지 말고, 나의 장점을 말하지 말라."

司空见惯(司空見慣)　sīkōng jiàn guàn

사공견관 : 사공은 익히 보았을 것이다.

 풀이

자주 보아 대수롭지 않은 일을 비유한다.[당(唐)나라 때 사공(司空)이었던 이신(李紳)이, 화주자사(和州刺史)를 사임한 유우석(劉禹錫)을 초대하였다. 술자리에서 가기(歌伎)에게 술을 권하도록 하자 유우석이 한 말이다.]

출전 : 唐　孟棨, 《本事詩》, "鬢髮梳頭宮樣妝, 春風一曲杜韋娘。司空見慣渾閑事, 斷盡江南刺史腸。"

번역 : 당 맹계, 《본사시》, "고운 머리 빗질하여 궁녀같이 꾸미고, 봄바람 속에 〈두위랑〉을 부른다. 사공은 익히 보아 전혀 대수롭지 않겠지만, 강남 자사의 창자는 끊어질 듯하구나."

司马昭之心，路人皆知(司馬昭之心，路人皆知)
Sīmǎ Zhāo zhī xīn, lùrén jiē zhī

사마소지심, 노인개지 : 사마소의 마음은, 길가는 사람
들이 모두 안다.

풀이

분명하게 드러난 야심을 비유한다.[위(魏)나라 황제 조모(曹髦)
의 재위시에, 장군 사마소가 권력을 독점한 채 찬탈의 야심을 가
지고 있었다. 이에 조모가 화를 내며 대신들에게 한 말이다.]

출전 :《三國志·魏書·高貴鄉公傳》注, "司馬昭之心，路人所知
也。吾不能坐受廢辱，今日當與卿等自出討之。"

번역 :《삼국지·위서·고귀향공전》 주, "사마소의 마음은, 길가는 사
람들도 아는 바이다. 나는 앉아서 폐위의 모욕을 받을 수 없으
니, 오늘 마땅히 그대들과 함께 직접 나가서 그를 성토할 것이
다."

私淑　　sīshū

사숙 : 개인적으로 착해지다.

풀이

직접 배우지 못하고 어떤 사람을 본보기로 삼아 스스로 배우는 것
을 비유한다.

출전 : 《孟子·离婁下》, "予未得爲孔子徒也, 予私淑諸人也。"

번역 : 《맹자·이루하》, "나는 공자의 제자가 될 수는 없었지만, 다른 사람을 통하여 개인적으로 수양하였다."

四大　sìdà

사대 : 네 가지 큰 요소

풀이

불교에서 만물의 근원으로 여기는, 흙[地]·물[水]·불[火]·바람[風]을 가리킨다. 이것으로 이루어지는 사람의 몸을 비유하기도 한다.

출전 : 晋 慧遠, 〈明報應論〉, "夫四大之體, 卽地水火風耳。結而成身, 以爲神宅。"

번역 : 진 혜원, 〈명보응론〉, "저 네 가지 큰 요소의 본질은, 흙·물·불·바람이다. 결합하여 몸을 이루니 정신이 깃드는 집이 된다."

四面楚歌　sìmiàn Chǔ gē

사면초가 : 사방에 초나라의 노래 소리이다.

풀이

사방에서 공격받아 고립무원의 처지가 된 것을 비유한다.[초(楚)와 한(漢)이 전쟁할 때, 항우(項羽)의 군대가 해하(垓下, 지금의

안휘성 영벽현 동남쪽에 있는 지명)에 주둔하고 있었다. 병사의
수는 적고 군량미는 떨어졌는데, 한군과 제후의 군대에 겹겹이 포
위되었다. 한밤중에 한나라 군사들이 사방에서 초나라 노래를 부
르는 것을 듣고 항우의 군대는 사기가 꺾이고 마침내 패하였다.]

출전 :《史記·項羽本紀》, “夜聞漢軍四面皆楚歌。項王乃大驚曰,
漢皆已得楚乎? 是何楚人之多也?”

번역 :《사기·항우본기》, “밤중에 한나라 군사들이 사방에서 모두 초
나라 노래를 부르는 것이 들렸다. 항우가 이에 크게 놀라, ‘한나
라가 이미 초나라를 모두 점령했는가?　어째서 초나라 사람이
이리도 많은가?’ 라고 하였다.”

似是而非　sì shì ér fēi

사시이비 : 옳은 듯하지만 그르다.

진짜 같지만 가짜이거나, 옳은 듯하지만 그른 것을 비유한다.

출전 :《孟子·盡心下》, “孔子曰, 惡似而非者。惡莠恐其亂苗也,
惡佞恐其亂義也。”

번역 :《맹자·진심하》, “공자가 말씀하시기를, ‘비슷하지만 아닌 것
을 싫어한다. 가라지를 싫어하는 것은 그것이 벼의 싹을 어지럽
힐까 염려해서이고, 말재주를 싫어하는 것은 그것이 의를 어지
럽힐까 염려해서이다.’ 라고 하셨다.”

夙兴夜寐(夙興夜寐)　sù xīng yè mèi

숙흥야매 : 일찍 일어나고 밤늦게 자다.

 풀이

부지런히 노력하는 것을 비유한다.

출전 :《詩經·大雅·抑》, "夙興夜寐, 灑掃庭內, 維民之章。"

번역 :《시경·대아·억》, "일찍 일어나고 밤에 늦게 자며, 뜰 안을 물
뿌리고 청소하여 백성의 본보기가 될 것이다."

素餐　sùcān

소찬 : 그저 먹기만 하다.

 풀이

일하지 않고 밥만 먹는 것을 비유한다. '시위소찬(尸位素餐)'이
라고도 한다.

출전 :《詩經·魏風·伐檀》, "彼君子兮, 不素餐兮。"

번역 :《시경·위풍·벌단》, "저 군자여, 그저 먹기만 하지는 않는다."

他山之石 ☞ 攻错
tā shān zhī shí ☞ gōngcuò

타산지석 ☞ 공착

獺祭(獭祭)　tǎjì

달제 : 수달의 제사

풀이

시문(詩文)에 전고를 많이 쓰는 것을 비유하는 말이다. '달제어
(獺祭鱼)'라고도 한다.[수달이 고기를 잡아서 물가에 늘어놓는 데
에서 유래하였다.]

출전 : 《禮記·月令》, "孟春之月, … 東風解凍, 蟄蟲始振。魚
上水, 獺祭魚, 鴻鴈來。"

번역 : 《예기·월령》, "1월에는, … 동풍이 언 것을 녹이고, 동면하던
벌레들이 움직이기 시작한다. 물고기는 얼음 위로 오르고, 수달
이 고기를 잡아 늘어놓으며, 기러기가 온다."

泰山北斗　tàishān běidǒu

태산북두 : 태산과 북두칠성

 풀이

덕과 명망이 있고 업적이 뛰어나, 모든 사람들이 우러르는 대상을
비유하는 말이다.

출전 : 《新唐書·韓愈傳贊》, “自愈沒, 其言大行。學者仰之如泰山
北斗云。”

번역 : 《신당서·한유전찬》, “한유가 죽은 뒤로, 그의 말이 크게 유
행하였다. 학자들이 그를 우러르기를 마치 태산과 북두칠성
처럼 했다고 한다.”

弹冠相庆(彈冠相慶)　tán guān xiāng qìng

탄관상경 : 모자를 털면서 상대를 축하하다.

 풀이

친구가 벼슬길에 나서자, 자신도 장차 관직을 얻게 되리라는 기대
를 가지고 축하하는 것을 가리킨다.[대개 부정적인 의미로 쓰인
다. ‘탄관’은 모자 위의 먼지를 터는 것으로, 벼슬에 나갈 준비를
하는 것이다.]

출전 : 《漢書·王吉傳》, “吉與貢禹爲友。世稱, 王陽在位, 貢公彈
冠。言其取舍同也。”

번역 : 《한서·왕길전》, “왕길은 공우와 친구였다. 세상 사람들은 일

컫기를, '왕길이 벼슬에 오르니 공우가 관의 먼지를 턴다.'라
고 하였다. 그들의 취사선택이 같음을 말한 것이다."

昙花一现(曇花一現) tánhuā yī xiàn

담화일현 : 우담발화가 한 번 나타나다.

잠시 나타났다가 사라지는 것을 비유한다.[우담발화(优曇鉢花)
는 불가(佛家)에서 3,000년에 한 번 핀다고 여기는 상상의 꽃
이다.]

출전 :《長阿含經·游行經》, "如來時時出世, 如優曇鉢花時一現
耳。"

번역 :《장아함경·유행경》, "여래는 때때로 세상에 나타나시는데,
우담발화가 때로 한 번 나타나는 것과 같다."

叹观止矣(嘆觀止矣) tàn guān zhǐ yǐ

탄관지의 : 관람은 끝났다고 감탄하다.

최고라고 감탄하는 것을 비유한다.

출전 :《左傳·襄公二十九年》, "吳公子札來聘。… 見舞韶箾者, 曰,
德至矣哉, 大矣! 如天之無不幬也, 如地之無不載也。雖甚

盛德, 其蔑 以加於此矣。觀止矣。"

번역 :《좌전·양공 29년》, "오나라의 왕자 계찰(季札)이 [노(魯)나라를] 방문하였다. … 소소[韶簫, 순(舜)임금의 음악]를 춤추는 것을 보고, '덕이 지극하고 위대하도다. 하늘이 덮어 주지 않음이 없는 것과 같고, 땅이 실어 주지 않음이 없는 것과 같도다. 비록 아주 훌륭한 덕이라도 이보다 더할 수는 없으리라. 관람은 끝났다.' 라고 하였다."

探骊得珠(探驪得珠) tàn lí dé zhū

탐려득주 : 검은 용을 더듬어 여의주를 얻다.

풀이

글의 주제가 분명하고 요점을 얻은 것을 비유한다. 또는 과거에 급제한 것을 비유하기도 한다.

출전 :《莊子·列御寇》, "夫千金之珠, 必在九重之淵而驪龍頷下。子能得珠者, 必遭其睡也。使驪龍而寤, 子尙奚微之有哉!"

번역 :《장자·열어구》, "저 천금의 가치가 나가는 여의주는 반드시 아홉 겹의 깊은 연못에 있는 검은 용의 턱 밑에 있다. 네가 여의주를 얻을 수 있었던 것은 용이 잠자고 있을 때를 만났기 때문이다. 만약 검은 용이 깨어났더라면 너는 아마 어쩌면 그것을 갖지 못했을 것이다."

螳臂当车(螳臂當車)　táng bì dāng chē

당비당거 : 사마귀가 앞다리로 수레를 막다.

 **풀이**

자신의 역량을 헤아리지 못하고 감당할 수 없는 일에 나서는 것을
비유한다. '당비당거(螳臂挡车)' 라고도 한다.

출전 :《莊子・人間世》, "汝不知夫螳蜋乎？怒其臂以當車轍，不
知其不勝任也。"

번역 :《장자・인간세》, "너는 저 사마귀를 모르느냐? 앞다리를 들
어 화를 내며 수레바퀴를 막으니, 자신이 감당하지 못할 것을
모르는 것이다."

螳螂捕蝉, 黄雀在后(螳螂捕蟬, 黃雀在後)
tángláng bǔ chán, huángquè zài hòu

당랑포선, 황작재후 : 사마귀가 매미를 잡으려는데,
　　　　　　　　　　　　참새가 뒤에 있다.

 **풀이**

눈앞의 이익에 현혹되어 화가 바로 뒤에 있음을 알지 못하는 어리
석음을 비유한다.

출전 : 漢 韓嬰,《漢詩外傳》卷十, "蟬方奮翼悲鳴, 欲飲淸露, 不知
螳螂之在後, 曲其頸, 欲攫而食之也。螳螂方欲食蟬, 而不
知黃雀在後, 擧其頸, 欲啄而食之也。"

[번역] : 한 한영, 《한시외전》 권 10, "매미가 막 날개를 치고 애처롭게 울면서 맑은 이슬을 마시려고 하여, 사마귀가 뒤에서 목을 움츠리고 자신을 잡아먹으려는 것을 알지 못한다. 사마귀는 막 매미를 잡아먹으려고 하여, 참새가 뒤에서 목을 들고 자신을 쪼아 먹으려는 것을 알지 못한다."

韬晦之计(韜晦之計)　tāo huì zhī jì

도회지계 : 숨기고 감추는 계책

풀이

재능과 뜻을 숨기고 때를 기다리는 것을 비유하는 말이다. '도광양회(揹光养晦)'와 같은 뜻이다.

[출전] : 《三國演義》第二一回, "玄德也防曹操謀害, 就下處後園種菜, 親自澆灌, 以爲韜晦之計。"

[번역] : 《삼국연의》 제 21회, "현덕[유비(劉備)]은 또한 조조(曹操)의 해치려는 계획을 막기 위하여, 후원에 내려가 머물며 채소를 심고 직접 물을 주는 것으로 '도회지계'를 삼았다."

桃花源 ☞ 世外桃源
táohuāyuán ☞ shì wài Táoyuán

도화원 ☞ 세외도원

逃之夭夭(逃之夭夭) táo zhī yāoyāo

도지요요 : 도망치다

풀이

도망가는 것을 해학적으로 일컫는 표현이다.[《시경(詩經)·주남(周南)·도요(桃夭)》에, "복숭아나무가 물이 오르다.(도지요요桃之夭夭。)"라는 구절이 있는데, '도(桃)'와 '도(逃)'가 음이 같은 데에서 취한 해학이다.]

출전 :《詩經·周南·桃夭》, "桃之夭夭, 灼灼其華。之子于歸, 宜其室家。"

번역 :《시경·주남·도요》, "복숭아나무가 물이 올라 그 꽃이 아름답구나. 저 아가씨가 시집을 가니 그 집안을 화목하게 하리라."

天马行空(天馬行空) tiān mǎ xíng kōng

천마행공 : 천마가 하늘을 달리다.[천마는 한 무제가 서역의 대원국(大宛國)에서 얻어 온 말이다.]

풀이

시문(詩文)이나 서예(書藝)의 기세가 호방함을 비유한다. 말이 과장되어 실상과 거리가 있음을 비유하기도 한다.

출전 :《史記·大宛傳》, "得烏孫馬好, 名曰, 天馬。及得大宛汗血馬, 益壯, 更名烏孫馬曰, 西極, 名大宛馬曰, 天馬云。"

번역 :《사기·대원전》, "오손의 좋은 말을 얻어 '천마'라고 하였다.

다음에 대원의 한혈마를 얻었는데, 더욱 장대하자 오손의 말을 '서극'으로 이름 바꾸고, 대원의 말을 '천마'라고 하였다고 한다."

天网恢恢(天網恢恢) tiān wǎng huīhuī

천망회회 : 하늘의 그물은 드넓다.

풀이

하늘이 내리는 벌은 피할 수 없음을 비유한다. 천도(天道)는 성긴 그물과 같지만, 나쁜 짓을 한 자는 이 그물에서 도망칠 수 없다는 말이다.

출전 :《老子·第七十三章》, "天網恢恢, 疏而不失。"

번역 :《노자·제 73장》, "하늘의 그물은 드넓어서 성기지만 빠뜨리지 않는다."

天衣无缝(天衣無縫) tiān yī wú fèng

천의무봉 : 선녀의 옷은 솔기가 없다.

풀이

시문(詩文)에 꾸민 흔적이 없거나, 한 일이 완벽하여 결점이 없음을 비유한다.

출전 : 五代 牛嶠,《靈怪錄·郭翰》, "徐視其衣, 竝無縫。翰問之, 謂翰曰, 天衣本非針線爲也。"

번역 : 오대 우교, 《영괴록 · 곽한》, "천천히 그녀의 옷을 보니 전혀 솔기가 없었다. 곽한이 그녀에게 묻자 대답하기를, '선녀의 옷은 본디 바늘과 실로 만드는 것이 아닙니다.' 라고 하였다."

铁杵磨成针(鐵杵磨成針)
tiě chǔ mó chéng zhēn

철저마성침 : 쇠공이를 갈아 바늘을 만든다.

풀이

꾸준히 노력하면 어려운 일도 이룰 수 있음을 비유한다.

출전 : 宋 祝穆,《方輿勝覽 · 眉州 · 磨針溪》,"世傳, 李太白讀書山中, 未成, 棄去。過是溪, 逢老嫗方磨鐵杵。問之, 曰, 欲作鍼。太白感其意, 還卒業。"

번역 : 송 축목, 《방여승람 · 미주 · 마침계》, "세상에 전해지는 바에 의하면, 이태백이 산 속에서 공부를 하다가 채 완성하지 못했는데 그만두고 그곳을 떠났다. 이 시내[마침계(磨針溪)]를 지나다가 마침 쇠 절굿공이를 갈고 있는 한 할머니를 만났다. (이백이) 연유를 묻자 할머니는 바늘을 만들려 한다고 하였다. 이백이 그 뜻에 감동되어, 돌아가서 학업을 마치게 되었다고 한다."

铁公鸡(鐵公雞)　tiěgōngjī

철공계 : 쇠로 만든 수탉

 풀이

매우 인색한 사람을 비유하는 말이다.

출전 : 淸 袁枚, 《新齊諧·鐵公鷄》, "濟南富翁某, 性慳吝, 綽號鐵公雞。言一毛不拔也。"

번역 : 청 원매, 《신제해·철공계》, "제남의 부유한 노인 아무개는 본성이 인색하여, 별명이 '쇠로 만든 수탉'이었다. 한 올의 터럭도 뽑아 주려 하지 않았음을 일컬은 것이다."

同病相怜(同病相憐) tóng bìng xiāng lián

동병상련 : 같은 병에 걸린 사람은 서로 안타까워한다.

풀이

어려운 처지에 있는 사람들끼리 서로 위로하는 것을 비유한다.

출전 : 漢 趙曄, 《吳越春秋·闔閭內傳》, "同病相憐, 同憂相救。"

번역 : 한 조엽, 《오월춘추·합려내전》, "같은 병에 걸린 사람은 서로 안타까워하고, 같은 근심이 있는 사람은 서로 구해 준다."

同声相应, 同气相求(同聲相應, 同氣相求)
tóng shēng xiāng yìng, tóng qì xiāng qiú

동성상응, 동기상구 : 같은 소리는 서로 호응하고, 같은 기운은 서로 찾는다.

뜻이 맞는 사람들은 자연히 함께 모이게 됨을 비유한다.

출전 :《周易·乾·文言》, "同聲相應, 同氣相求, 水流濕, 火就燥, 雲從龍, 風從虎。"

번역 :《주역·건·문언》, "같은 소리는 서로 호응하고 같은 기운은 서로 찾는 것이니, 물은 습한 곳으로 흐르고 불은 건조한 곳으로 향하며, 구름은 용을 따르고 바람은 호랑이를 따른다."

同舟共济(同舟共濟) tóng zhōu gòng jì

동주공제 : 배를 같이 타고 함께 건너다.

원수지간이더라도 곤경에서는 서로 도와 어려움을 벗어남을 비유한다.

출전 :《孫子·九地》, "夫吳人與越人相惡也, 當其同舟而濟, 遇風, 其相救也, 如左右手。"

번역 :《손자·구지》, "오나라 사람들과 월나라 사람들은 서로 미워하지만, 그들이 배를 함께 타고 강을 건너다가 바람을 만나게 되면, 서로 구해 주는 것이 마치 좌우의 손과 같다."

投笔从戎(投筆從戎) tóu bǐ cóng róng

투필종융 : 붓을 던지고 군대를 따르다.

 **풀이**

문인이 군대에 들어가는 것을 일컫는다.

출전 : 《後漢書 · 班超傳》, "家貧, 常爲官傭書以供養。久勞苦, 嘗
輟業投筆, 歎曰, 大丈夫無它志略, 猶當效傅介子, 張騫,
立功異域, 以取封侯, 安能久事筆研閒乎。"

번역 : 《후한서 · 반초전》, "(반초는) 집이 가난하여 항상 관청에서 글
을 베끼는 것으로 가족을 부양하였다. 오랫동안 고생하다가 한
번은 일을 멈추고 붓을 내던지며 탄식하기를, '대장부가 다른
지모와 계략이 없더라도 마땅히 부개자나 장건을 본받아 이역
에서 공을 세워 제후에 봉해지기를 추구해야지, 어찌 오래도록
붓과 벼루 사이에서만 일할 수 있겠는가?' 라고 하였다."

投畀豺虎(投畀豺虎) tóu bì chái hǔ

투비시호 : (나쁜 사람을) 승냥이나 호랑이에게 던져 주
다.

 **풀이**

깊은 증오심을 비유한다.

출전 : 《詩經 · 小雅 · 巷伯》, "取彼譖人, 投畀豺虎。豺虎不食, 投
畀有北。"

 :《시경·소아·항백》, "저 참소하는 사람을 잡아다가 승냥이 나 호랑이에게 던져 주리라. 승냥이나 호랑이가 먹지 않으면 북방의 불모지에 던져 버리리라."

投鞭断流(投鞭斷流) tóu biān duàn liú

투편단류 : 말채찍을 던져 물길을 막다.

풀이

군사가 많고 병력이 강한 것을 비유한다.[전진(前秦)의 부견(苻堅) 이 동진(東晉)을 공격할 때, 자신의 군사가 많은 것을 자랑 삼아 한 말이다.]

출전 :《晉書·苻堅載記下》, "以吾之衆旅, 投鞭於江, 足斷其流。"

번역 :《진서·부견재기하》, "우리의 많은 군사로 말채찍을 강에 던 진다면, 족히 강의 흐름도 막을 수 있을 것이다."

投鼠忌器 tóu shǔ jì qì

투서기기 : 쥐를 잡으려다가도 그릇을 염려하다.

풀이

해악을 제거하려 하면서도 거리끼는 바가 있어 망설이는 상황을 비유한다.

출전 :《漢書·賈誼傳》, "里諺曰, 欲投鼠而忌器。此善諭也。鼠近

于器, 尙憚不投, 恐傷其器。"

[번역] :《한서·가의전》, "속담에, '쥐를 잡으려다가도 그릇을 염려
한다.'라고 하였는데, 이것이 훌륭한 비유입니다. 쥐가 그릇
옆에 있으면 오히려 꺼리면서 잡지 못하는 것은 그릇을 상하
게 할까 염려해서입니다."

投桃报李(投桃報李)　tóu táo bào lǐ

투도보리 : 복숭아를 주니 오얏으로 보답하다.

풀이

서로 주고받으며 사귀는 우호적인 교제를 비유한다.

[출전] :《詩經·大雅·抑》, "投我以桃, 報之以李。"

[번역] :《시경·대아·억》, "나에게 복숭아를 주니, 그에게 오얏으로
보답한다."

图穷匕首见(圖窮匕首見)　tú qióng bǐshǒu xiàn

도궁비수현 : 지도가 다 펴지자 비수가 드러나다.

풀이

일이 마지막에 이르러 진상이 드러남을 비유한다. '도궁비현(图
穷匕见)'이라고도 한다.

[출전] :《戰國策·燕策》, "秦王謂軻曰, 起, 取武陽所持圖。軻旣取

圖奉之, 秦王發圖。圖窮而匕首見, 因左手把秦王之袖, 而
右手持匕首揕抗之。未至身, 秦王驚, 自引而起, 袖絶。”

번역 : 《전국책·연책》, “진시황이 형가에게, ‘일어나서 무양이 들
고 있는 지도를 가져와라.’라고 하였다. 형가가 지도를 받들
고 가자 진시황이 지도를 폈다. 지도가 다 펴지고 비수가 드
러나자, (형가는) 왼손으로 진시황의 소매를 잡고 오른손에
비수를 들고 그를 찔렀다. 몸에 닿기 전에 진시황이 놀라서
피해 일어났는데, 옷소매가 잘라졌다.”

涂鸦(塗鴉)　túyā

도아 : (먹물이) 덮여 까마귀같이 되다.

풀이

자신의 글씨나 그림이 보잘것없다는 뜻의 겸사로 쓰이는 말이다.

출전 : 唐 盧仝, 〈示添丁〉, “忽來案上翻墨汁, 塗抹詩書如老鴉。”

번역 : 당 노동, 〈시첨정〉, “갑자기 책상 위에 먹물을 엎어,《시경》·
《서경》에 쏟아지니 까마귀같이 되었다.”

涂乙(塗乙)　túyǐ

도을 : 칠하거나 ‘을(乙)’자를 표시하다.

풀이

문장을 수정하는 것을 비유한다.[‘도(塗)’는 잘못된 글자를 지우

출전 :《唐試士式》, "抹去訛字, 曰塗, 字有遺脫, 句其旁而增之, 曰乙。"

번역 :《당시사식》, "잘못된 글자를 없애는 것을 '도(塗)'라 하고, 글자에 빠진 것이 있어 그 옆에 표시를 하고 더하는 것을 '을(乙)'이라고 한다."

土崩瓦解(土崩瓦解) tǔ bēng wǎ jiě

토붕와해 : 흙이 무너지고 기와가 부서지다.

풀이

철저하게 파괴된 것을 비유한다.

출전 :《史記·秦始皇本紀》, "秦之積衰, 天下土崩瓦解。雖有周旦之材, 無所復陳其巧"

번역 :《사기·진시황본기》, "진나라는 쇠약함이 누적되어, 천하가 흙이 무너지고 기와가 부서지듯 하였다. 비록 주공 같은 인재가 있더라도, 다시 그 재능을 펼칠 수 없었을 것이다."

吐哺握发(吐哺握髮) tǔ bǔ wò fà

토포악발 : 먹던 것을 뱉고 감던 머리를 움켜쥐다.

인재(人才)를 얻기 위한 간절한 마음을 비유한다.

출전 :《史記·魯周公世家》, "周公戒伯禽曰, 我文王之子, 武王之弟, 成王之叔父, 我於天下亦不賤矣。然我一沐三捉髮, 一飯三吐哺, 起以待士。猶恐失天下之賢人。子之魯, 愼無以國驕人。"

번역 :《사기·노주공세가》, "주공이 (아들인) 백금에게 훈계하여, '나는 문왕의 아들이고 무왕의 동생이며 성왕의 숙부로, 나는 천하에서 신분이 낮지 않다. 그러나 나는 한 번 머리감을 때 세 번 머리카락을 움켜쥐었고, 한 번 밥 먹을 때 세 번 먹던 것을 뱉고 일어나 선비를 맞이했다. 그러면서도 혹시 천하의 현인을 잃을까 두려워하였다. 너는 노나라에 가서, 삼가 나라를 가진 것으로 남에게 교만하지 말지어다.'라고 하였다."

吐故纳新(吐故納新) tǔ gù nà xīn

토고납신 : 옛것을 뱉고 새것을 들이다.

옛것이나 나쁜 것을 버리고, 새로운 것이나 좋은 것을 받아들임을 비유한다. 원래는 사람이 호흡하면서 탁해진 공기를 뱉어 내고 신선한 공기를 마시는 것을 가리켰다.

출전 :《莊子·刻意》, "吹呴呼吸, 吐故納新。"

번역 :《장자・각의》, "들이마시고 내뿜으며, 옛것을 뱉어 내고 새것을 받아들인다."

兎死狗烹(兔死狗烹)　tù sǐ gǒu pēng

토사구팽 : 토끼가 죽으면 사냥개는 삶겨진다.

풀이

일이 이루어진 뒤에 큰 공을 세웠던 사람을 내치거나 죽여 버리는 것을 비유한다.

출전 :《史記・越王句踐世家》, "范蠡遂去。自齊遺大夫種書曰, 蜚鳥盡, 良弓藏, 狡兔死, 走狗烹。越王爲人, 長頸鳥喙, 可與共患難, 不可與共樂。子何不去?"

번역 :《사기・월왕구천세가》, "범려는 마침내 (월나라를) 떠났다. 제나라에서 대부 문종(文種)에게 편지를 보내어 이르기를, '날던 새가 없어지면 좋은 활도 사장되고, 재빠른 토끼가 죽으면 뒤쫓던 사냥개도 삶아 먹힙니다. 월왕은 사람됨이 긴 목에 새 부리 같은 입으로, 어려움을 함께 할 수는 있지만 즐거움을 함께 할 수는 없습니다. 그대는 어찌 떠나지 않습니까?' 라고 하였다."

推己及人　tuī jǐ jí rén

추기급인 : 자기를 미루어 남에게 미치다.

 풀이

자기의 마음으로 상대의 마음을 헤아려 주는 것을 비유한다.

출전 : 宋 朱熹, 〈與范直閣書〉, "學者之於忠恕, 未免參校彼己, 推己及人則宜。"

번역 : 송 주희, 〈여범직각서〉, "배우는 자들이 충서(忠恕)에 있어서, 상대와 나를 참조하여 비교하는 데에서 그치는데, 자기를 미루어 남에게 미쳐 가야 옳다."

推敲 tuīqiāo

추고 : 미는 것과 두드리는 것

풀이

시문(詩文)의 자구를 반복해서 다듬는 것을 비유하는 말이다.

출전 : 宋 計有功, 《唐詩紀事》第四十卷, "島赴擧至京, 騎驢賦詩, 得僧推月下門之句。欲改推作敲, 引手作推敲之勢, 未決, 不覺衝大尹韓愈。乃具言, 愈曰, 敲字佳矣。"

번역 : 송 계유공, 《당시기사》제 40권, "가도(賈島)가 과거길에 나서 서울에 이르렀는데, 노새를 타고 가면서 시를 짓다가 '중이 달 아래 문을 민다.'라는 시구를 얻었다. '(밀) 추(推)'자를 '(두드릴) 고(敲)'자로 고칠까 하여 손을 당겨 밀고 두드리는 자세를 하면서 결정하지 못하다가 자신도 모르게 경조윤(京兆尹)이었던 한유(韓愈)의 행차와 부딪쳤다. 이에 (사정을) 갖추어 말하니 한유가, '고(敲)자가 좋겠다.'라고 하였다."

退避三舍(退避三舍) tuì bì sān shè

퇴피삼사 : 퇴각하여 90리를 피하다.[사(舍)는 30리(里)의 거리이다.]

풀이

양보하여 충돌을 피하는 것을 비유한다.[진(晋)나라 공자(公子) 중이(重耳)가 초(楚)나라에 망명해 있을 때, 초나라의 성왕(成王)에게 한 말이다.]

출전 :《左傳·僖公二十三年》, "公子若反晉國, 則何以報不穀? …
若以君之靈, 得反晉國, 晉楚治兵, 遇于中原, 其避君三舍。"

번역 :《좌전·희공 23년》, "(성왕이,) '공자께서 만약 진나라로 돌아간다면 무엇으로 나에게 보답 하겠소?' 라고 물었다. … (중이가 대답하기를,) '만약 임금님의 덕택으로 진나라에 돌아갈 수 있다면, 진나라와 초나라가 군대를 정비하여 중원에서 만났을 때, 임금님을 피해 90리를 물러나겠습니다.' 라고 하였다."

脫穎而出(脫穎而出) tuō yǐng ér chū

탈영이출 : 고리까지 빠져 나오다.

풀이

사람의 재능이 전부 드러나는 것을 비유한다.[전국시대 진(秦)의 군대가 조(趙)나라를 공격하였다. 조나라의 평원군(平原君)이 왕명을 받들어 초(楚)나라에 구원을 요청하러 가는데, 모수(毛遂)

출전 :《史記·平原君虞卿列傳》, "平原君曰, 夫賢士之處世也, 譬若錐之處囊中, 其末立見。今先生處勝之門下, 三年於此矣, 左右未有所稱誦。勝未有所聞, 是先生無所有也。先生不能, 先生留。毛遂曰, 臣乃今日請處囊中耳。使遂蚤得處囊中, 乃穎脫而出, 非特其末見而已。平原君竟與毛遂偕。"

번역 :《사기·평원군우경열전》, "평원군이 말하기를, '훌륭한 사람의 처세는 비유하자면 송곳이 자루 안에 있는 것과 같아 끝이 바로 드러나는 법입니다. 지금 선생이 내 문하에 있은 지가 이제까지 3년이 되었는데 좌우에서 아직 선생을 칭찬하는 이가 없었으며 내가 아직 들은 바가 없었으니, 이는 선생이 가진 능력이 없다는 것입니다. 선생은 안 되겠으니, 남아 계세요.'라고 하였다. 모수가 말하기를, '저는 바로 오늘 자루 안에 있게 되기를 청합니다. 만약 저를 일찍이 자루 안에 있을 수 있게 하였더라면 고리까지 빠져나왔으리니 단지 그 끝만 드러날 뿐이 아니었을 것입니다.'라고 하였다. 평원군은 마침내 모수와 함께 갔다."

唾面自干(唾面自乾) tuò miàn zì gān

타면자건 : 얼굴에 침을 뱉어도 저절로 마르게 하다.

풀이

모욕을 받고 굳게 참는 것을 비유한다.

출전 :《新唐書·婁師德傳》, “其弟守代州, 辭之官, 敎之耐事。弟曰, 人有唾面, 潔之乃已。師德曰, 未也。潔之, 是違其怒。正使自乾耳。”

번역 :《신당서·루사덕전》, “그의 동생이 대주를 다스리다가 그 관직을 사직하자, 그에게 참는 일을 가르쳐 주었다. 동생이 말하기를, ‘남이 얼굴에 침을 뱉는 일이 있어도 닦아내고 맙니다.’라고 하자, 사덕이 말하기를, ‘아니다. 닦아내는 것은 그 사람의 화를 거스르는 것이다. 바로 저절로 마르게 해야만 한다.’라고 하였다.”

瓦釜雷鸣(瓦釜雷鳴) wǎ fǔ léi míng

와부뢰명 : 흙솥이 우레처럼 소리 내다.

풀이

재능이나 덕이 없는 사람이 높은 자리를 차지하고 명성을 날리는 것을 비유한다.

출전 :《楚辭·卜居》, "黃鐘毀棄, 瓦釜雷鳴。"

번역 :《초사·복거》, "황금 종은 부셔져 버려지고, 흙솥이 우레처럼 소리를 낸다."

完璧归赵(完璧歸趙) wán bì guī Zhào

완벽귀조 : 벽옥을 온전히 하여 조나라로 돌려보내다.

풀이

물건을 원래 상태대로 주인에게 돌려주는 것을 비유한다.[전국시대 진(秦)나라 소왕(昭王)은 조(趙)나라의 화씨벽(和氏璧)을 탐내어 열다섯 개의 성과 바꾸자고 하였다. 조왕은 인상여(藺相如)를 보냈다. 상여가 진나라에 벽옥을 바쳤으나 진왕은 성을 넘겨

주려 하지 않았다. 이에 상여는 꾀를 내어 벽옥을 돌려받아 조나라로 보냈다.]

출전 : 《史記・廉頗藺相如列傳》, "使其從者衣褐, 懷其璧, 從徑道亡, 歸璧于趙。"

번역 : 《사기・염파인상여열전》, "수행원으로 하여금 갈옷을 입고 벽옥을 지닌 채 샛길로 도망치게 하여, 벽옥을 조나라로 돌려보냈다."

顽石点头(頑石點頭) wán shí diǎn tóu

완석점두 : 단단한 돌이 머리를 끄덕이다.

풀이

상대를 감화시키는 것이 지극함을 비유한다.[진(晉)나라의 도생법사(道生法師)가 돌을 향해 불경을 강론하자 돌도 머리를 끄덕였다고 한다.]

출전 : 晉, 《蓮社高賢傳・道生法師》, "南還, 入虎丘山, 聚石爲徒, 講涅槃經。至闡提處, 則說有佛性。且曰, 如我所說, 契佛心否? 羣石皆爲點頭。旬日學衆雲集。"

번역 : 진, 《연사고현전・도생법사》, "(도생법사가) 남쪽으로 돌아와 호구산에 들어간 뒤, 돌들을 모아놓고 제자로 삼아 《열반경》을 강론하였다. 천제[闡提, 범어 'Icchantika'를 음역한 불교용어로, '불심을 갖지 않은 존재'를 일컫는다.]에 관한

곳에 이르러, (천제도) 불성(佛性)이 있다고 말하였다. 또 말하기를, '내가 말하는 것들이 불심에 맞는가?'라고 하자 모든 돌들이 다 머리를 끄덕였다. 열흘이 지나자 배우려는 무리가 구름처럼 모였다."

玩物丧志(玩物喪志)　wán wù sàng zhì

완물상지 : 물건을 좋아하다가 뜻을 잃다.

 풀이

좋아하는 것에 정신이 빠져 큰 뜻을 저버리는 것을 비유한다.

[출전] :《書經·旅獒》, "玩人喪德, 玩物喪志。"

[번역] :《서경·여오》, "사람을 함부로 대하면 덕을 잃고, 물건을 함부로 좋아하면 뜻을 잃습니다."

万事俱备, 只欠东风(萬事俱備, 只欠東風)　wàn shì jù bèi, zhǐ qiàn dōng fēng

만사구비, 지흠동풍 : 모든 일이 다 준비되었으나 단지 동풍이 부족하다.

 풀이

준비가 거의 다 끝났으나, 중요한 마지막 한 가지가 모자라는 상태를 가리킨다.[삼국시대 제갈량이 조조를 불로 공격할 계획을 세우고 주유(周瑜)에게 한 말이다.]

출전 :《三國演義》第四十九回, “欲破曹公, 宜用火攻。萬事俱備,
只欠東風”

번역 :《삼국연의》제 49회, “조조를 이기려면 마땅히 불로 공격해
야 합니다. 모든 것이 다 준비되었는데, 단지 동풍이 부족할
뿐입니다.”

亡羊补牢(亡羊補牢) wáng yáng bǔ láo

망양보뢰 : 양을 잃은 뒤 우리를 고치다.

풀이

문제가 생긴 뒤에라도 잘못을 고쳐야 함을 비유한다.

출전 :《戰國策・楚策》, “見兎而顧犬, 未爲晩也。亡羊而補牢, 未
爲遲也。”

번역 :《전국책・초책》, “토끼를 본 뒤에 개를 돌아봐도 아직 늦지
않다. 양을 잃은 뒤에 우리를 고쳐도 아직 늦지 않다.”

网开三面(網開三面) wǎng kāi sān miàn

망개삼면 : 그물에서 세 방향을 열어 두다.

풀이

너그러운 아량을 비유한다.

출전 :《史記・殷本紀》, “湯出, 見野張網四面。祝曰, 自天下四方,

皆入吾網, 湯曰, 嘻, 盡之矣! 乃去其三面, 祝曰, 欲左, 左,
欲右, 右。不用命, 乃入吾網。諸侯聞之, 曰, 湯德至矣, 及
禽獸。”

번역 :《사기·은본기》, “탕임금이 밖에 나갔다가, (사냥꾼이) 들에
사방으로 그물을 치고서, ‘하늘과 땅, 그리고 사방에서 (짐승
들이) 모두 내 그물로 들어올지어다.’ 라고 축원하는 것을 보
았다. 탕임금이, ‘아, 다 잡아들이겠다.’ 라고 하면서 세 방향
의 그물을 제거하고, ‘왼쪽으로 가고 싶은 놈은 왼쪽으로 가
고, 오른쪽으로 가고 싶은 놈은 오른쪽으로 가고, 명을 따르
지 않는 것들만 내 그물로 들어올지어다.’ 라고 축원하도록 하
였다. 제후들이 듣고, ‘탕임금의 덕은 지극하여 금수에게까
지 미치는구나.’ 라고 하였다.”

望梅止渴 wàng méi zhǐ kě

망매지갈 : 매실을 기대하며 갈증을 그치다.

풀이

공상(空想)으로 스스로 위안하는 것을 비유한다.

출전 :《世說新語·假譎》, “魏武行役失汲道。軍皆渴, 乃令曰, 前
有大梅林。饒子, 甘酸, 可以解渴。士卒聞之, 口皆水出。”

번역 :《世說新語·假譎》, “조조[아들 조비(曹丕)가 위(魏)를 건국한
뒤, 그를 추존하여 무제(武帝)의 시호를 올렸다.]가 전쟁에 나
섰다가 물 긷는 길을 잃었다. 병사들이 모두 목말라하자, 명을

내려 말하기를, '앞에 커다란 매실나무 숲이 있다. 매실이 많은데, 달고도 시어 갈증을 풀 수 있을 것이다.'라고 하였다. 병사들이 그 말을 듣자, 입에서 모두 침이 흘렀다."

望洋兴叹(望洋興嘆)　wàng yáng xīng tàn

망양흥탄 : 우러러보면서 탄식을 일으키다. ['망양(望洋)'은 원래 '망양(望羊)'으로, '우러러보는 모습'이다.]

풀이

능력이 부족하여 일을 감당하기 어렵거나, 상황이 어찌할 수 없어 안타까워함을 비유한다.

출전 :《莊子·秋水》, "秋水時至, 百川灌河。涇流之大, 兩涘渚崖之間, 不辨牛馬。於是焉河伯欣然自喜, 以天下之美爲盡在己。順流而東行, 至於北海。東面而視, 不見水端。於是焉河伯始旋其面目, 望洋向若而歎曰, 野語有之曰, 聞道百以爲莫己若者, 我之謂也。"

번역 :《장자·추수》, "가을 물이 계속 이르러, 모든 하천이 황하로 흘렀다. 통하는 물길이 커지자 양쪽 물가의 언덕 사이에서 소와 말을 구분할 수 없었다. 이에 하백[황하(黃河)의 신]이 흔연히 기뻐하면서, 천하의 아름다움이 자신에게 다 모였다고 여겼다. 물길을 따라 동쪽으로 가서 북해에 이르렀다. 동쪽으로 향하여 보니 물의 끝이 보이지 않았다. 이에 하백이 비로소 얼굴을 돌리고, 우러러 북해약[北海若, 바다의 신]을 향해

탄식하기를, '속담에, 도를 들은 것이 백 정도이면서 자기만
한 이가 없다고 한다더니 나를 두고 한 말이로군요.' 라고 하
였다."

忘年交　wàngniánjiāo

망년교 : 나이를 잊은 교제

풀이

나이를 초월하여 맺는 사귐을 가리킨다.

출전 : 《南史·何遜傳》, "弱冠州擧秀才, 南鄕范雲見其對策, 大相
稱賞。因結忘年交。"

번역 : 《남사·하손전》, "약관의 나이에 주에서 수재로 천거되었는
데, 남향의 범운이 그의 대책문을 보고 그를 크게 칭찬하였
다. 이로 인해 '나이를 잊은 교제'를 맺었다."

微言大义(微言大義)　wēi yán dà yì

미언대의 : 심오한 말씀과 큰 뜻

풀이

공자의 가르침을 비유하는 말이다.

출전 : 漢 劉歆, 〈移書讓太常博士〉, "夫子沒而微言絶, 七十子卒而
大義乖。"

 : 한 유흠, 〈이서양태상박사〉, "공자가 돌아가시고 나서 심오한 말씀이 끊어졌고, 70명의 제자가 죽고 나서 큰 뜻이 어그러졌습니다."

韦编三绝(韋編三絶) wéi biān sān jué

위편삼절 : 가죽으로 묶은 끈이 세 번 끊어지다.

풀이

열심히 공부하는 것을 비유한다.

 :《史記·孔子世家》, "孔子晚而喜易, 序彖·繫·象·說卦·文言。讀易, 韋編三絶。"

 :《사기·공자세가》, "공자는 말년이 되면서 《주역》을 좋아하여, 〈단전(彖傳)〉·〈계사전(繫辭傳)〉·〈상전(象傳)〉·〈설괘전(說卦傳)〉·〈문언전(文言傳)〉을 지었다. 《주역》을 읽는데, 가죽으로 묶은 끈이 세 차례나 끊어졌다."

为富不仁(爲富不仁) wéi fù bù rén

위부불인 : 부를 추구하면 어질 수 없다.

풀이

재산을 추구하는 사람은 어진 마음을 가질 수 없음을 비유한다.

 :《孟子·滕文公上》, "陽虎曰, 爲富不仁也, 爲仁不富矣。"

 :《맹자・등문공상》, "양호가 말하기를, '부를 추구하면 어질
수 없고, 어짊을 추구하면 부유해질 수 없다.'라고 하였다."

惟我独尊(惟我獨尊) wéi wǒ dú zūn

유아독존 : 오직 나만이 홀로 존귀하다.

풀이

자신이 최고라고 자만하는 것을 비유한다. 원래는 생명의 존귀함
을 설파한 부처님의 말씀이었다.

출전 :《續傳燈錄・宗元庵主》, "世尊生下, 一手指天, 一手指地云,
天上天下, 惟我獨尊。"

번역 :《속전등록・종원암주》, "석가가 태어나자마자, 한 손으로는
하늘을 가리키고 한 손으로는 땅을 가리키며, '하늘 위와 하
늘 아래에서 오직 나만이 홀로 존귀하다.'라고 하였다."

尾大不掉 wěi dà bù diào

미대부도 : 꼬리가 커서 흔들지 못하다.

풀이

아랫사람의 세력이 커서 통제하기 어려움을 비유한다. 어떤 단체
가 너무 커져 관리에 어려움이 있음을 비유하기도 한다.

출전 :《左傳・昭公十一年》, "末大必折, 尾大不掉, 君所知也。"

[번역] :《좌전·소공 11년》, "나무의 끝 가지가 크면 (나무는) 반드시 부러지고, 꼬리가 크면 흔들지 못한다는 것은 전하께서 아시는 바입니다."

未雨绸缪(未雨綢繆) wèi yǔ chóumóu

미우주무 : 비가 오기 전에 (둥지를) 얽어 놓다.

풀이

사전에 준비하고 예방하는 것을 비유한다.

[출전] :《詩經·豳風·鴟鴞》, "迨天之未陰雨, 徹彼桑土, 綢繆牖戶。"

[번역] :《시경·빈풍·치효》, "하늘이 구름 끼고 비오기 전에, 저 뽕나무 뿌리를 걷어다가 창문과 입구를 얽어 놓아야 한다."

为渊驱鱼, 为丛驱雀(爲淵驅魚, 爲叢驅雀)
wèi yuān qū yú, wèi cóng qū què

위연구어, 위총구작 : 연못에 물고기를 몰아 주고, 숲에 참새를 몰아 주다.

풀이

정치를 잘못하면 민심이 떠나, 결과적으로 적에게 힘을 몰아 주는 것이 됨을 비유한다.

[출전] :《孟子·离娄上》, "爲淵驅魚者, 獺也, 爲叢驅爵者, 鸇也, 爲湯武驅民者, 桀與紂也。"

번역 :《맹자 · 이루상》, "연못에 물고기를 몰아 주는 것은 수달이고, 숲에 참새를 몰아 주는 것은 새매이며, 탕임금과 무왕에게 백성을 몰아 준 것은 (폭군인) 걸과 주였다."

溫故知新(溫故知新)　wēn gù zhī xīn

온고지신 : 옛것을 익혀 새것을 알다.

풀이

전에 배운 것을 바탕으로 하여 새로운 깨달음을 얻는 것을 비유한다.

출전 :《論語 · 爲政》, "溫故而知新, 可以爲師矣。"

번역 :《논어 · 위정》, "옛것을 익혀 새것을 알게 된다면, 스승이 될 수 있다."

文质彬彬(文質彬彬)　wén zhì bīnbīn

문질빈빈 : 문채와 바탕이 조화되다.

풀이

외적인 문채와 내적인 바탕이 잘 어우러진 것을 비유한다. '문질빈빈(文质斌斌)'으로도 쓴다.

출전 :《論語 · 雍也》, "質勝文則野, 文勝質則史。文質彬彬, 然後君子。"

번역 :《논어 · 옹야》, "바탕이 문채보다 지나치면 거칠고, 문채가 바탕보다 지나치면 야하다. 문채와 바탕이 잘 조화된 뒤에라야

군자다운 것이다."

闻过则喜(聞過則喜)　wén guò zé xǐ

문과즉희 : (자신의) 허물을 들으면 기뻐하다.

 **풀이**

다른 사람이 자신의 잘못을 말해 주면 기꺼이 받아들이는 태도를
비유한다.

출전 :《孟子·公孫丑上》, "子路, 人告之以有過則喜。"

번역 :《맹자·공손추상》, "자로는 남들이 허물이 있다고 말해 주면
기뻐하였다."

闻鸡起舞(聞鷄起舞)　wén jī qǐ wǔ

문계기무 : 닭 우는 소리를 듣고 일어나 검무(劍舞)를
추다.

 **풀이**

뜻 있는 선비가 제때에 노력하는 것을 비유한다.

출전 :《晋書·祖逖傳》, "與司空劉琨俱爲司州主簿, 情好綢繆, 共
被同寢。中夜聞荒雞鳴, 蹴琨覺曰, 此非惡聲也。因起舞。"

번역 :《진서·조적전》, "(조적은) 사공이 된 유곤과 함께 사주 주부
로 있을 때, 사이가 좋고 긴밀하여 이불을 같이 덮고 함께 잤
다. 한밤중에 황계가 우는 소리를 들으면 유곤을 발로 차서 깨

우며 말하기를, '이것은 나쁜 소리가 아니다.'라고 하고, 바로
일어나 검무(劍舞)를 추었다[검술을 연마하였다]." ['황계(荒
雞)'는 3경(三更) 이전에 우는 닭으로, 그 소리를 상서롭지
않다고 여겼다.]

问鼎(問鼎) wèndǐng

문정 : 솥에 관해 묻다.

 풀이

왕위를 탈취하려는 야심을 비유한다.

출전 :《左傳·宣公三年》, "楚子伐陸渾之戎, 遂至於雒, 觀兵于
周疆。定王使王孫滿勞楚子, 楚子問鼎之大小輕重焉。"

번역 :《좌전·선공 3년》, "초왕[장왕(莊王)]이 육혼의 융적을 치고
마침내 낙수에 이르러, 주나라 국경에서 군대를 사열하였다.
(주나라 천자인) 정왕이 왕손만을 보내 초왕을 위로하자, 초왕
이 그에게 솥[우(禹)임금이 만든 '구정(九鼎)'으로, 삼대(三
代)에 걸쳐 국보로 삼았던 것이다.]의 크기와 무게를 물었다."

卧薪尝胆(臥薪嘗膽) wò xīn cháng dǎn

와신상담 : 땔나무 위에서 자고 쓸개를 맛보다.

 풀이

설욕하기 위해 괴롭고 힘든 일을 참아내며 실력을 기르는 것을 비

유한다.[월왕(越王) 구천(句踐)은 오왕(吳王) 부차(夫差)에게 패한 뒤, 오나라로 끌려가 갖은 수모를 겪었다. 자기 나라로 돌아온 후 원수를 갚을 뜻을 잊지 않기 위해, 땔감 위에서 자고 밥을 먹거나 잠자기 전에 쓸개를 맛보았다고 한다. 《사기(史記)·월왕구천세가(越王勾踐世家)》에는 쓸개를 맛본 내용만 있다. 소식의 〈의손권답조조서(擬孫權答曹操書)〉에 비로소 '와신상담(臥薪嘗膽)'이란 말이 나온다.]

출전 : 宋 蘇軾,〈擬孫權答曹操書〉,“僕受遺以來, 臥薪嘗膽, 悼日月之逾邁, 而嘆功名之不立。”

번역 : 송 소식,〈의손권답조조서〉, “나는 유명(遺命)을 받은 이래, 땔감 위에서 자고 쓸개를 맛보면서, 세월이 가는 것을 안타까워하고 공명이 이루어지지 않는 것을 탄식하였다.”

吳牛喘月(吳牛喘月) wú niú chuǎn yuè

오우천월 : 오나라 소가 달을 보고 헐떡거리다.

풀이

의심으로 인해 생긴 두려움을 비유한다.[강소(江蘇)·절강(浙江) 일대의 물소들은 더위를 두려워하여, 달을 보고도 해로 여겨 헐떡거린다고 한다.]

출전 : 漢 應劭,《風俗通》, “吳牛望見月則喘。 使之苦於日, 見月怖, 喘矣。”

번역 : 한 응소, 《풍속통》, "오나라의 소는 달을 보면 헐떡거린다.
소를 햇볕 아래에서 고생시켰기 때문에, 달을 보고도 두려워
하여 헐떡거리는 것이다."

五里霧(五里雾) wǔlǐwù

오리무 : 5리의 안개

 풀이

애매하여 진상을 알 수 없는 상황을 비유한다.

출전 : 《後漢書·張楷傳》, "性好道術, 能作五里霧。時關西人裴優,
亦能爲三里霧, 自以不如楷, 從學之, 楷避不肯見。"

번역 : 《후한서·장해전》, "본성이 도술을 좋아하여 5리의 안개를
만들 수 있었다. 당시에 관서 사람인 배우(裴優)도 3리의
안개를 만들 수 있었으나 스스로 장해만 못하다고 여겨 그
를 따라 배우려 하였지만 장해는 피하면서 만나려 하지 않
았다."

五日京兆 wǔ rì jīngzhào

오일경조 : 5일 동안의 경조윤

풀이

재직기간이 짧거나, 혹은 바로 사임할 것임을 비유한다.

출전 :《漢書・張敞傳》, "敞使賊捕掾絮舜有所案驗。舜以敞劾奏
當免, 不肯爲敞竟事, 私歸其家。人或諫舜, 舜曰, 吾爲是
公盡力多矣。今五日京兆耳, 安能復案事。"

번역 :《한서・장창전》, "장창이 포졸 서순으로 하여금 사건을 심의
하도록 하였다. 서순은 장창이 탄핵을 받아 면직될 것이라고
여겨, 그를 위해 일을 마치려 하지 않고 멋대로 자기 집으로
가버렸다. 어떤 사람이 서순에게 충고하자 서순은, '나는 이
분을 위해 힘을 많이 썼다. 이제 5일 동안의 경조윤일 뿐인
데, 어찌 다시 사건을 심의할 것인가?' 라고 말하였다."

五十步笑百步　wǔshí bù xiào bǎi bù

오십보소백보 : 50보 달아난 자가 100보 달아난 자를 비
웃다.

풀이

자신도 같은 잘못이 있으면서, 정도가 덜하다고 상대를 비웃는 것
을 비유한다.

출전 :《孟子・梁惠王上》, "塡然鼓之, 兵刃旣接, 棄甲曳兵而走,
或百步而後止, 或五十步而後止。以五十步笑百步, 則何如?
曰不可。直不百步耳, 是亦走也。"

번역 :《맹자・양혜왕상》, "(맹자가,) '둥둥 북이 울리고 병기와 칼
날이 맞부딪치자 갑옷을 버리고 무기를 끌면서 달아나는데,

어떤 자는 100보를 달아난 뒤에 멈추고, 어떤 자는 50보를 달아난 뒤에 멈추었습니다. 50보를 달아난 자로서 100보 달아난 자를 비웃으면 어떠합니까?' 라고 물었다. (왕이) 말하기를, '안됩니다. 단지 100보가 안 될 뿐이지, 이 또한 달아난 것입니다.' 라고 하였다."

膝痒搔背(膝癢搔背)　xī yǎng sāo bèi

슬양소배 : 무릎이 가려운데 등을 긁다.

풀이

일 처리가 적당하지 않거나 요령이 없음을 비유한다.

출전 : 《鹽鐵論·利議》, "議論無所依, 如膝痒而搔背。"

번역 : 《염철론·이의》, "의논이 근거할 바가 없어, 마치 무릎이 가려운데 등을 긁는 것과 같다."

席不暇暖　xí bù xiá nuǎn

석불가난 : 자리가 따뜻해질 틈이 나지 않다.

풀이

매우 바쁜 것을 비유한다. '석불가난(席不暇煖)'으로도 쓴다.

출전 : 《淮南子·修務訓》, "孔子無黔突, 墨子無煖席。"

번역 : 《회남자·수무훈》, "공자는 굴뚝이 검어질 틈이 없었고, 묵자는 자리가 따뜻해질 틈이 없었다."

瑕不掩瑜 xiá bù yǎn yú

하불엄유 : 옥의 티가 옥의 아름다운 부분을 덮지 못한다.

풀이

결점보다 장점이 많음을 비유한다. '하불엄유(瑕不揜瑜)'로도 쓴
다.

출전 :《禮記·聘義》, "夫昔者, 君子比德於玉焉。… 瑕不揜瑜, 瑜
不揜瑕, 忠也。"

번역 :《예기·빙의》, "옛날에 군자는 덕을 옥에 비유하였다. … 옥
의 티가 옥의 아름다운 부분을 덮지 못하고, 옥의 아름다운
부분이 옥의 티를 덮지 못하는 것은 진실됨이다."

先发制人(先發制人) xiān fā zhì rén

선발제인 : 먼저 움직이면 남을 제압한다.

풀이

먼저 손을 써야 상대를 제압할 수 있음을 비유한다.

출전 :《漢書·項籍傳》, "方今江西皆反秦, 此亦天亡秦時也。先發
制人, 後發制於人。"

번역 :《한서·항적전》, "지금 강서지역이 모두 진나라에 반기를 들
었으니, 이는 또한 하늘이 진나라를 망하게 하려는 때이다.
먼저 움직이면 상대를 제압하고 뒤에 움직이면 남에게 제압
당한다."

先河 xiānhé

선하 : 황하를 먼저 제사 지내다.

풀이

근원, 처음을 일컫는다.[옛날에 황제는 먼저 황하에 제사 지내고, 그 다음으로 바다에 제사 지냈다. 황하를 바다의 근원으로 보았기 때문이다.]

출전 :《禮記・學記》, "三王之祭川也, 皆先河而後海。或源也, 或委也。此之謂務本。"

번역 :《예기・학기》, "삼대의 황제들이 하천에 제사 지낼 때에는, 모두 황하를 먼저 지내고 바다를 뒤에 지냈다. 하나는 근원이고, 하나는 말단이기 때문이다. 이를 일러 근본을 힘쓴다고 하는 것이다."

先入为主(先入爲主) xiān rù wéi zhǔ

선입위주 : 먼저 들어온 것을 위주로 하다.

풀이

먼저 받아들인 주장이나 사상을 옳게 여기고 다른 것을 배척하는 태도를 비유한다.

출전 :《漢書・息夫躬傳》, "唯陛下觀覽古戒, 反覆參考, 無以先入之語爲主。"

번역 :《한서・식부궁전》, "단지 폐하께서는 옛 훈계를 두루 살피시

고 반복해서 참고하실 것이며, 먼저 들어온 말을 위주로 하지
마옵소서.”

献芹(獻芹) xiànqín

헌근 : 미나리를 바치다.

자신의 선물이 변변치 못하거나, 혹은 제기한 의견이 보잘것없다
는 뜻의 겸사로 쓰인다. ‘근헌(芹献)’이라고도 한다.

출전 :《列子·楊朱》, “昔人有美戎菽, 甘枲, 莖芹, 萍子者。對鄉
豪稱之, 鄉豪取而嘗之, 蜇於口, 慘於腹。衆哂而怨之, 其
人大慙。”

번역 :《열자·양주》, “옛사람 중에 콩, 모시풀, 미나리, 개구리밥풀
을 좋게 여기던 이가 있었다. 향리의 호족에게 그것을 자랑하
자, 향리의 호족이 가져다 맛을 보니 입을 쏘고 배가 아팠다.
모든 사람들이 비웃으며 힐난하자, 그 사람은 매우 부끄러워
하였다.”

相待如宾(相待如賓) xiāng dài rú bīn

상대여빈 : 서로 대하기를 손님같이 하다.

부부간에 서로 존경하는 것을 비유한다. ‘상경여빈(相敬如宾)’이

라고도 한다.

출전 : 《左傳·僖公三十三年》, "初, 臼季使, 過冀, 見冀缺耨。其妻
饁之, 敬, 相待如賓。"

번역 : 《좌전·희공 33년》, "전에 구계가 사신을 가게 되었는데, 기
땅을 지나다가 기결이 김매는 것을 보았다. 그의 아내가 밥을
내오는데, 공경하면서 서로 대하기를 손님같이 하였다."

相濡以沫　xiāng rú yǐ mò

상유이말 : 서로를 거품으로 적셔 주다.

풀이

어려운 형편에 처한 사람끼리 서로 도와 주는 것을 비유한다.

출전 : 《莊子·大宗師》, "泉涸, 魚相與處於陸, 相呴以濕, 相濡以
沫, 不如相忘於江湖,"

번역 : 《장자·대종사》, "샘이 마르자 물고기들이 함께 땅에 있으면
서, 서로 물기로 불어 주고 거품으로 적셔 주었지만, 강이나
호수에서 서로를 잊어버리는 것만 못하다."

项庄舞剑, 意在沛公(項莊舞劍, 意在沛公)
Xiàng Zhuāng wǔ jiàn, yì zài Pèigōng

항장무검, 의재패공 : 항장이 칼춤을 추는 것은, 의도
가 패공에 있다.

핑계를 대지만, 목적은 다른 데 있음을 비유한다.[유방(劉邦)과 항우(項羽)가 홍문(鴻門)에서 만났다. 술자리에서 항우의 모사인 범증(范增)이 항장(項莊)을 시켜 칼춤을 추게 하자, 유방의 모사인 장량(張良)이 한 말이다.]

출전 :《史記·項羽本紀》, "項莊拔劍起舞, 項伯亦拔劍起舞, 常以身翼蔽沛公, 莊不得擊。於是張良至軍門, 見樊噲。樊噲曰, 今日之事何如? 良曰, 甚急。今者項莊拔劍舞, 其意常在沛公也。"

번역 :《사기·항우본기》, "항장이 칼을 뽑고 일어나 춤을 추자, 항백도 칼을 뽑고 일어나 춤을 추면서 계속 몸으로 패공을 막으니 항장이 칠 수 없었다. 이 때 장량이 군진(軍陣)의 입구에 이르러 번쾌를 만났다. 번쾌가, '오늘의 상황이 어떠합니까?'라고 묻자 장량이 대답하기를, '매우 급박합니다. 지금 항장이 칼을 뽑아 춤을 추데, 그 의도가 내내 패공에 있습니다.'라고 하였다."

嘯傲(嘯傲) xiào'ào

소오 : 시를 읊으며 자적하다.

구속 받지 않는 생활을 비유한다.

출전 : 晉 郭璞, 〈游仙〉第八首, "嘯傲遺世羅, 縱情在獨往。"

번역 : 진 곽박, 〈유선〉 제 8수, "시를 읊으며 자적함은 세속의 그물
       을 벗어났음이요, 내 마음 내키는 대로 함은 홀로 길을 감에
       있다."

笑里藏刀(笑裏藏刀) xiào lǐ cáng dāo

소리장도 : 웃음 속에 칼을 숨기다.

 풀이

겉으로는 부드러우나 속으로 해치려는 마음이 있음을 비유한다.
'소리도(笑里刀)'라고도 한다.

출전 : 唐 白居易, 〈不如來飮酒〉, "且滅嗔中火, 休磨笑裏刀。不如
       來飮酒, 穩臥醉陶陶。"

번역 : 당 백거이, 〈불여래음주〉, "우선 성내는 중에 일어나는 불을
       끄고, 웃음 속에 감춰진 칼을 갈지 마라. 술 마시고 편안히
       누워 거나하게 취하는 것이 나으리."

效顰 ☞ 东施效顰
xiàopín ☞ Dōngshī xiào pín

효빈 ☞ 동시효빈

心广体胖(心廣體胖) xīn guǎng tǐ pán

심광체반 : 마음이 넓어짐에 몸이 편안해지다.

풀이

심신이 편안하고 넉넉한 상태를 비유한다.

출전 : 《禮記·大學》, "富潤屋, 德潤身, 心廣體胖。故君子必誠其
意。"

번역 : 《예기·대학》, "부유함은 집을 윤택하게 하고, 덕은 몸을 윤택하게 하니, 마음이 넓어짐에 몸은 편안해진다. 그러므로 군자는 반드시 그 뜻을 진실되게 해야 한다."

心旷神怡(心曠神怡) xīn kuàng shén yí

심광신이 : 마음이 트이고 정신이 기뻐지다.

풀이

상쾌하고 기쁜 상태를 비유한다.

출전 : 宋 范仲淹,〈岳陽樓記〉, "登斯樓也, 則有心曠神怡, 寵辱皆忘, 把酒臨風, 其喜洋洋者矣。"

번역 : 송 범중엄,〈악양루기〉, "이 누대에 오르면, 마음이 트이고 정신이 기뻐져 총애와 모욕을 모두 잊은 채, 술잔을 들고 바람을 맞으면서 그 기쁨이 넘치는 자가 있을 것이다."

薪尽火传(薪盡火傳) xīn jìn huǒ chuán

신진화전 : 땔감은 다하지만 불은 전해진다.

스승과 제자가 이어지면서 학문이 대대로 전승되는 것을 비유한다.

출전 : 《莊子 · 養生主》, "指窮於爲薪, 火傳也。不知其盡也。"

번역 : 《장자 · 양생주》, "기름이 땔감 역할을 하는 데에는 끝이 있지만, (세상에) 불은 전해진다. 그 끝나는 바를 알 수 없다." ['지(指)'는 '지(脂)'의 가차자(假借字)이다.]

薪水　xīn · shui

신수 : 땔감과 물

생활필수품을 가리키는 말이다. 후에는 일에 대한 보수를 일컫는 말로 쓰이게 되었다.

출전 : 《魏書 · 盧玄傳》, "如薪水少急, 卽可量計。"

번역 : 《위서 · 노현전》, "만약 땔감과 물이 덜 다급하다면, (장군이 스스로) 헤아려 계획해도 좋겠습니다."

星火燎原　xīng huǒ liáo yuán

성화료원 : 작은 불씨가 들판을 태우다.

 **풀이**

작은 일이 크게 번지는 상황을 비유한다.

출전 : 《書經·盤庚上》, "若火之燎于原, 不可嚮邇。"

번역 : 《서경·반경상》, "마치 불이 들판에 번져, 향하여 가까이 갈 수 없는 것과 같다."

行尸走肉　xíng shī zǒu ròu

행시주육 : 걸어다니는 시체나 고깃덩어리

풀이

가치 없는 사람을 비유하는 말이다.

출전 : 晋 王嘉, 《拾遺記·後漢》, "夫人好學, 雖死若存, 不學者, 雖存, 謂之行尸走肉耳。"

번역 : 진 왕가, 《습유기·후한》, "무릇 사람이 배움을 좋아하면 비록 죽었다 하여도 살아 있는 것 같으며, 배우지 않는 자는 비록 살아 있어도 걸어다니는 시체요 고깃덩어리라고 일컬을 뿐이다."

兄弟阋墙(兄弟鬩牆)　xiōngdì xì qiáng

형제혁장 : 형제가 담 안에서 다투다.

내부에서 서로 다투는 것을 비유한다. 원래는, 형제란 안에서는
다투기도 하지만 밖에서는 서로 도와 준다는 의미였다.

출전 : 《詩經·小雅·常棣》, "兄弟鬩于墻, 外禦其務。 每有良朋,
烝也無戎。"

번역 : 《시경·소아·상체》, "형제는 담 안에서는 다투지만, 밖에서
는 수모를 막아 준다. 항상 좋은 벗이 있지만, 아무 도움도 없
다."['무(務)'는 '모(侮)'와 통한다.]

胸有成竹 xiōng yǒu chéng zhú

흉유성죽 : 마음속에 완성된 대나무가 있다.

어떤 일을 하기 전에, 이미 전체적인 구도를 가지고 있는 것을 비
유한다. '성죽재흉(成竹在胸)'이라고도 한다.

출전 : 宋 蘇軾, 〈文與可畵篔簹谷偃竹記〉, "畵竹, 必先得成竹於胸
中。 執筆熟視, 乃見其所欲畵者。 急起從之, 振筆直遂, 以
追其所見, 如兔起鶻落。 少縱則逝矣。"

번역 : 송 소식, 〈문여가화운당곡언죽기〉, "대나무를 그릴 때에는,
반드시 마음속에 먼저 완성된 대나무를 얻어야 한다. 붓을 들
고 한참 바라보면 그리고자 하는 것이 눈에 들어온다. 급히
그것을 그리기 시작하여 붓을 휘둘러 그대로 완성시키는데,

자신이 본 것을 따라가는 것이 토끼가 뛸 때 송골매가 덮치는
것처럼 한다. 조금이라도 방심하면 사라져 버린다.”

袖手傍观(袖手傍觀) xiù shǒu páng guān

수수방관 : 손을 소매에 넣고 옆에서 바라보다.

풀이

어려움에 처한 사람을 도와 주지 않거나, 어떤 일에 관여하지 않
으려는 태도를 비유한다.

출전 : 唐 韓愈, 〈祭柳子厚文〉, “不善爲斲, 血指汗顔, 巧匠旁觀,
縮手袖間。”

번역 : 당 한유, 〈제유자후문〉, “도끼질을 잘하지 못하여 손가락에서
피가 나고 얼굴에 땀이 나는데, 뛰어난 기술자는 옆에서 바라
보며 소매 사이에 손을 넣고 있다.”

秀外惠中 xiù wài huì zhōng

수외혜중 : 빼어난 외모와 지혜로운 내면

풀이

용모가 뛰어나고 자질이 총명한 것을 비유하는 말이다. ‘수외혜
중(秀外慧中)’으로도 쓴다.

출전 : 唐 韓愈, 〈送李愿歸盤谷序〉, “淸聲而便體, 秀外而惠中。”

번역 : 당 한유, 〈송이원귀반곡서〉, "맑은 목소리에 가벼운 몸이요,
빼어난 외모에 지혜로운 내면이로다."

悬梁(懸梁) xuánliáng

현량 : (머리카락을 묶어) 들보에 매어 놓다.

풀이

배움에 힘쓰는 것을 형용한다. '현두(悬头)' 라고도 한다.

출전 : 《太平御覽》卷三百六十三, "孫敬, 字文寶。好學, 晨夕不休。及至眠睡疲寢, 以繩繫頭, 懸屋梁。後爲當世大儒。"

번역 : 《태평어람》 권 363, "손경은 자가 문보이다. 배우기를 좋아하여 아침저녁으로 쉬지 않았다. 졸립고 피곤하여 눕고 싶으면 줄로 머리를 묶어 들보에 매어 놓았다. 후에 당대의 큰 학자가 되었다."

玄之又玄 xuán zhī yòu xuán

현지우현 : 현묘하고 또 현묘하다.

풀이

매우 심오해서 이해하기 어려움을 형용한다.

출전 : 《老子·第一章》, "玄之又玄, 衆妙之門。"

번역 : 《노자·제 1장》, "현묘하고 또 현묘하니, 모든 오묘함의 문이다."

삭족적리 : 발을 깎아 신에 맞추다.

 풀이

실제 상황을 고려하지 않고 억지로 꿰맞추는 것을 비유한다.

출전 : 《淮南子·說林訓》, “夫所以養而害所養, 譬猶削足而適履, 殺頭而便冠。”

번역 : 《회남자·설림훈》, “기르는 수단으로 기르는 대상을 해치는 것은, 비유하자면 발을 깎아 신에 맞추고 머리통을 잘라 모자에 맞추는 것과 같다.”

学富五车(學富五車)　xué fù wǔ chē

학부오거 : 학문이 풍부하기가 다섯 대의 수레이다.

 풀이

책을 많이 읽어 학문이 깊은 것을 비유한다.

출전 : 《莊子·天下》, “惠施多方, 其書五車。”

번역 : 《장자·천하》, “혜시는 (학문이) 다방면에 뛰어났고, 그의 장서(藏書)는 다섯 대의 수레 분량이었다.”[‘서(書)’를 ‘장서(藏書)’가 아닌, ‘저서(著書)’로 보기도 한다.]

풀이

사람을 단계별로 교육하는, 훌륭한 교육 방식을 가리킨다.

출전 :《論語·子罕》, "夫子循循然善誘人, 博我以文, 約我以禮。"

번역 :《논어·자한》, "선생님께서는 차근차근 사람을 잘 이끄시어, 글로 나를 넓혀 주시고 예로 나를 요약시켜 주신다."

揠苗助长(揠苗助長)　yà miáo zhù zhǎng

알묘조장 : 싹을 뽑아 자라는 것을 돕다.

풀이

급히 효과를 얻으려고 서두르다가 도리어 일을 그르치는 것을 비유한다. '발묘조장(拔苗助长)'이라고도 한다.

출전 : 《孟子·公孫丑上》, "宋人有閔其苗之不長而揠之者。芒芒然歸, 謂其人曰, 今日, 病矣。予助苗長矣。其子, 趨而往視之, 苗則槁矣。"

번역 : 《맹자·공손추상》, "송나라 사람 중에 벼의 싹이 자라지 않는 것을 근심하여 그것을 뽑아 놓은 이가 있었다. 지친 채 돌아와 가족들에게 말하기를, '오늘 힘들구나. 내가 벼의 싹이 자라는 것을 도와 주었더니.'라고 하였다. 그의 아들이 급한 걸음으로 가서 살펴보니 벼의 싹은 시들어 있었다."

延年益寿(延年益壽)　yán nián yì shòu

연년익수 : 나이를 늘이고 수명을 더하다.

수명이 길어지는 것을 가리킨다.

출전 : 戰國 楚 宋玉, 〈高唐賦〉, "九竅通鬱, 精神察滯, 延年益壽
千萬歲。"

번역 : 전국 초 송옥, 〈고당부〉, "구규[사람의 몸에 있는 아홉 개의
구멍]는 답답함이 뚫리고 정신은 막힌 것이 트이니, 나이가
늘어나고 수명이 더해져 천만 세에 이르리라."

言人人殊 yán rén rén shū

언인인수 : 말이 사람마다 다르다.

견해가 각자 다른 것을 비유한다.

출전 : 《史記·曹相國世家》, "參盡召長老諸生, 問所以安集百姓。
如齊故諸儒以百數, 言人人殊, 參未知所定。"

번역 : 《사기·조상국세가》, "조참이 어르신과 유생들을 모두 불러
백성을 안정시킬 방법을 물었다. 제나라의 경우 나이 든 유생
들이 백으로 헤아려지는데, 말이 사람마다 달라 조참은 결정
할 바를 알지 못했다."

掩耳盗铃(掩耳盜鈴) yǎn ěr dào líng

엄이도령 : 귀를 막고 방울을 훔치다.

어리석은 사람이 스스로를 속이는 것을 비유한다.

출전 :《呂氏春秋·自知》, "百姓有得鍾者。欲負而走, 則鍾大不可負, 以椎毁之。鍾況然有音, 恐人聞之而奪己也, 遽揜其耳。"

번역 :《여씨춘추·자지》, "백성 중에 종을 얻은 자가 있었다. 등에 지고 가려니 종이 커서 질 수 없자 몽둥이로 그것을 깼다. 종에서 크게 소리가 나자, 남들이 소리를 듣고 자기에게서 뺏어 갈까봐 재빨리 제 귀를 막았다."

眼中钉(眼中釘) yǎnzhōngdīng

안중정 : 눈 속의 못

매우 증오하는 사람을 비유하는 말이다.

출전 :《新五代史·雜傳·趙在禮傳》, "在禮在宋州, 人尤苦之. 已而罷去, 宋人喜而相謂曰, 眼中拔釘, 豈不樂哉。"

번역 :《신오대사·잡전·조재례전》, "조재례가 송주에 있을 때, 사람들이 그를 매우 고통스럽게 여겼다. 얼마 후 그만두고 떠나게 되자, 송주 사람들이 기뻐하며 서로 말하기를, '눈 속에서 못을 뺐으니, 어찌 즐겁지 않겠는가?' 라고 하였다."

燕雀处堂(燕雀處堂)　yàn què chǔ táng

연작처당 : 제비와 참새가 집안에 있다.

풀이

위험에 처해 있으면서도 화가 임박한 것을 모르는 어리석음을 비유한다. '연작처옥(燕雀处屋)'이라고도 한다.

출전 :《孔叢子·論勢》, "燕雀處屋, 子母相哺煦煦焉, 其相樂也, 自以爲安矣。竈突炎上, 棟宇將焚, 燕雀顔色不變, 不知禍之將及己也。"

번역 :《공총자·논세》, "제비와 참새가 집안에 있으면서, 새끼와 어미가 먹여 주고 품어 주며, 서로 즐거워하면서 편안하다고 느낀다. 굴뚝에서 불길이 올라 집이 장차 타려 하는데도, 제비와 참새는 안색도 변하지 않고 화가 장차 자신에게 미칠 것을 알지 못한다."

殃及池鱼(殃及池魚)　yāng jí chí yú

앙급지어 : 재앙이 해자(垓字)의 물고기에게 미치다.

풀이

자신과 관계없는 일에 연루되어 화를 입는 것을 비유한다. '화급지어(禍及池鱼)'라고도 한다.

출전 :《呂氏春秋·必己》, "宋桓司馬有寶珠, 抵罪出亡。王使人問珠之所在, 曰, 投之池中。於是竭池而求之, 無得, 魚死焉。"

번역 :《여씨춘추·필기》, "송나라의 사마(司馬) 환퇴(桓魋)가 진주를 가지고 있었는데, 죄를 지어 쫓겨나게 되었다. 왕[경공(景公)]이 사람을 시켜 진주가 있는 곳을 묻자, 연못에 던져 버렸다고 하였다. 이에 연못의 물을 다 퍼내어 찾았지만 찾지 못하고 물고기들만 죽었다."

阳春白雪(陽春白雪)　yángchūn báixuě

양춘백설 : 따뜻한 봄과 흰 눈

풀이

품격이 높은 문학 작품이나 예술 작품을 비유하는 말이다.

출전 : 曲高和寡 qǔ gāo hè guǎ 참조

杳如黃鶴(杳如黃鶴)　yǎo rú huáng hè

묘여황학 : 까마득하기가 황학과 같다.

풀이

종적이 없는 것을 비유한다.

출전 : 唐 崔顥, 〈黃鶴樓〉, "黃鶴一去不復返, 白雲千載空悠悠。"

번역 : 당 최호, 〈황학루〉, "황학은 한 번 가서 다시는 돌아오지 않고, 흰 구름만 천년토록 유유히 떠 갈 뿐이다."

夜不闭户(夜不閉戶) yè bù bì hù

야불폐호 : 밤에 문을 닫지 않다.

 **풀이**

나라가 잘 다스려져 도적이 없음을 비유한다.

출전 :《禮記·禮運》, "謀閉而不興, 盜竊亂賊而不作。故外戶而不閉, 是謂大同。"

번역 :《예기·예운》, "모략이 그쳐져서 일어나지 않고, 절도와 반란이 생기지 않았다. 그러므로 바깥문도 닫지 않았으니, 이를 일러 '대동'이라고 한다."

夜郎自大 Yèláng zì dà

야랑자대 : 야랑국의 군주가 스스로를 대단하게 여기다.

 **풀이**

함부로 자기 자신을 높이는 것을 비유한다.[한대(漢代)에 서남쪽의 나라 가운데 야랑국이 가장 컸다. 야랑국의 군주가 한나라 사신에게, "당신네 한나라가 큰가, 아니면 우리 야랑국이 큰가?"라고 물었다고 한다.]

출전 :《史記·西南夷列傳》, "滇王與漢使者言曰, 漢孰與我大? 及夜郎侯亦然。以道不通故, 各自以爲一州主, 不知漢廣大。"

번역 :《사기·서남이열전》, "전왕이 한나라의 사자에게 묻기를,

‘한나라와 우리나라 중에 어느 편이 큰가?’ 라고 하였다. 야
랑국 군주에게 갔을 때도 그랬다. 길이 통하지 않았기 때문
에, 각자 자신을 한 지역의 임금으로 여기면서 한(漢)나라가
넓고 큰 것을 몰랐던 것이다.”

叶公好龙(葉公好龍) Yègōng hào lóng

섭공호룡 : 섭공이 용을 좋아하다.

풀이

말로는 좋아한다고 하지만, 사실은 좋아하는 것이 아님을 비유한
다.

출전 : 漢 劉向,《新序·雜事》, “葉公子高好龍。鉤以寫龍, 鑿以寫
龍, 屋室雕文以寫龍。於是天龍聞而下之, 窺頭於牖, 拖尾
於堂。葉公見之, 棄而還走, 失其魂魄, 五色無主。是葉公
非好龍也, 好夫似龍而非龍者也。”

번역 : 한 유향,《신서·잡사》, “섭공 자고는 용을 좋아하였다. 긁어
서 용을 그리고 새겨서 용을 그렸으니, 온 집안에 조각과 그
림으로 용을 그려 놓았다. 이에 하늘의 용이 소식을 듣고 내
려와 창으로 머리를 집어넣자 마루에 꼬리가 끌렸다. 섭공이
그것을 보고는 (하던 일을) 팽개치고 돌아서서 달아나는데,
혼이 빠져 있고 안색을 잃었다. 섭공은 용을 좋아한 것이 아
니고, 용 비슷하지만 용이 아닌 것을 좋아한 것이다.”

一败涂地(一敗塗地)　yī bài tú dì

일패도지 : 한 번에 패하여 (간과 뇌가) 땅을 칠하다.

풀이

회복할 수 없을 정도로 패배, 또는 실패하는 것을 비유한다.

출전 :《史記·高祖本紀》, "天下方擾, 諸侯並起。今置將不善, 壹敗塗地。"

번역 :《사기·고조본기》, "천하가 한창 혼란스러워 제후들이 한꺼번에 일어났습니다. 지금 장수를 두는 것이 좋지 못하면, 한 번에 대패할 것입니다."

一鼓作气(一鼓作氣)　yī gǔ zuò qì

일고작기 : 한번 북을 치면 용기가 진작된다.

풀이

기세가 고조되었을 때를 타서 단번에 일을 완성해야 함을 비유한다.

출전 :《左傳·莊公十年》, "夫戰, 勇氣也。一鼓作氣, 再而衰, 三而竭。"

번역 :《좌전·장공 10년》, "무릇 전쟁은 용기에 달려 있습니다. 한 번 북을 칠 때에는 용기가 진작되지만, 두 번 칠 때에는 줄어들고, 세 번 칠 때에는 고갈됩니다."

一国三公(一國三公) yī guó sān gōng

일국삼공 : 한 나라에 공[임금]이 셋이다.

풀이

일의 책임자가 분명하지 않음을 가리킨다.

출전 : 《左傳·僖公五年》, "一國三公, 吾誰適從?"

번역 : 《좌전·희공 5년》, "한 나라에 임금이 셋이니, 나는 누구를 따라야 하나?"

一见如旧(一見如舊) yī jiàn rú jiù

일견여구 : 한 번 보고 오래된 것처럼 여기다.

풀이

처음의 만남인데도 뜻이 맞아 오랜 친구처럼 여기는 것을 비유한다.

출전 : 《左傳·襄公二十九年》, "聘於鄭, 見子產, 如舊相識。"

번역 : 《좌전·양공 29년》, "[계찰(季札)이] 정나라를 방문하여 자산을 만났는데, 마치 오래 전부터 서로 알았던 것 같았다."

一箭双雕(一箭雙雕) yī jiàn shuāng diāo

일전쌍조 : 하나의 화살로 두 마리의 수리를 잡다.

한 번에 두 가지 목적을 이루는 것을 비유한다. '일전쌍조(一箭双雕)'로도 쓴다.

출전 : 《北史·長孫晟傳》, "嘗有二鵰, 飛而爭肉, 因以箭兩隻與晟, 請射取之。晟馳往, 遇鵰相攫, 遂一發雙貫焉。"

번역 : 《북사·장손성전》, "일찍이 두 마리의 수리가 날면서 먹이를 다투자, [돌궐(突厥)의 섭도(攝圖)가] 화살 두 개를 장손성에게 주면서 쏘아서 잡으라고 하였다. 장손성이 달려나가면서 수리가 서로 먹이를 움켜잡는 것을 보고, 즉시 한 발을 쏘아 두 마리를 관통시켰다."

一举两得(一擧兩得) yī jǔ liǎng dé

일거양득 : 한 번의 움직임에 두 가지를 얻다.

한 가지 일로 두 가지의 이익을 얻는 것을 비유한다.

출전 : 《東觀漢記·耿弇傳》, "吾得臨淄, 卽西安孤, 必覆亡矣, 所謂一擧而兩得者也。"

번역 : 《동관한기·경엄전》, "내가 임치를 얻으면 서안은 고립되어 반드시 망할 것이니, 이른바 '한 번의 움직임에 두 가지를 얻는다.'는 것이다."

一毛不拔(一毛不拔)　yī máo bù bá

일모불발 : 한 올의 털도 뽑지 않다.

 풀이

매우 인색한 것을 비유한다.

출전 : 《孟子·盡心上》, "楊子取爲我, 拔一毛而利天下, 不爲也。"

번역 : 《맹자·진심상》, "양자는 자신을 위하는 주장을 취하였으니, 한 올의 털을 뽑아 천하를 이롭게 한다 하여도 하지 않았다."

一鸣惊人(一鳴驚人)　yī míng jīng rén

일명경인 : 한번 울면 사람을 놀라게 하다.

 풀이

평소에는 특별하지 않은 듯하지만, 한번 시작하면 사람을 놀라게 하는 업적을 이루는 것을 비유한다.

출전 : 《韓非子·喩老》, "雖無飛, 飛必沖天, 雖無鳴, 鳴必驚人。"

번역 : 《한비자·유로》, "비록 날지 않지만 날았다 하면 반드시 하늘에 이르고, 비록 울지 않지만 울었다 하면 반드시 사람을 놀라게 한다."

一目十行　yī mù shí háng

일목십항 : 한 눈에 열 줄을 읽다.

 **풀이**

책을 읽는 속도가 빠름을 비유한다.

출전 : 《梁書·簡文帝紀》, "讀書, 十行俱下。九流百氏, 經目必記, 篇章辭賦, 操筆立成。"

번역 : 《양서·간문제기》, "책을 읽을 때, 열 줄을 함께 읽어 내려갔다. 각 학파의 백가서를 눈이 지나가면 반드시 암기하였고, 문장과 사부를 붓을 잡으면 바로 써 내었다."

一诺千金(一諾千金) yī nuò qiān jīn

일낙천금 : 한 번의 허락이 천금에 해당한다.

 **풀이**

약속한 말이 매우 믿을 만함을 비유한다. 혹은 약속을 매우 신중하게 하는 태도를 가리키기도 한다.

출전 : 《史記·季布欒布列傳》, "得黃金百, 不如得季布一諾。"

번역 : 《사기·계포난포열전》, "황금 백 근을 얻는 것보다 계포의 허락을 한 번 얻는 것이 낫다."

一片冰心(一片氷心) yī piàn bīng xīn

일편빙심 : 한 조각의 얼음 같은 마음

 풀이

마음이 순결하여 부귀나 출세에 마음을 두지 않음을 비유하는 말
이다.

출전 : 唐 王昌齡, 〈芙蓉樓送辛漸〉, "洛陽親友如相問, 一片氷心在
玉壺。"

번역 : 당 왕창령, 〈부용루송신점〉, "낙양의 친구가 만약 내 소식을
묻거든, 한 조각 얼음 같은 마음이 옥병에 있더라고 전해 주
오."

一暴十寒 yī pù shí hán

일폭십한 : 하루 햇볕 쬐고 열흘 얼리다.

풀이

하다 말다 하면서 한결같은 마음이 없는 것을 비유한다. '일폭십
한(一曝十寒)'으로도 쓴다.

출전 :《孟子·告子上》, "雖有天下易生之物也, 一日暴之, 十日寒
之, 未有能生者也。"

번역 :《맹자·고자상》, "비록 천하에 쉽게 자라는 식물이 있다 하
더라도, 하루 햇볕 쬐고 열흘 얼리면 제대로 살 수 있는 것이
없다."

一人得道, 鸡犬升天(一人得道, 鷄犬升天)
yī rén dé dào, jī quǎn shēng tiān

일인득도, 계견승천 : 한 사람이 도를 얻으면, 닭과 개도 승천한다.

풀이

한 사람이 권세를 얻으면, 주변 사람들도 따라서 덕을 보게 됨을 비유한다.[풍자의 뜻으로 쓰이는 경우가 많다.] '승천(升天)'은 '비승(飞升)'으로도 쓴다.

출전 : 漢 王充,《論衡·道虛》, "王遂得道, 擧家升天。畜產皆仙, 犬吠於天上, 鷄鳴於雲中。"

번역 : 한 왕충,《논형·도허》, "(한대의) 회남왕(淮南王) 유안(劉安)이 마침내 도를 얻어 온 가족이 승천하였다. 가축도 모두 신선이 되어, 하늘 위에서 개가 짖고 구름 속에서 닭이 울게 되었다."

一日三秋 yī rì sān qiū

일일삼추 : 하루가 삼 년 같다.

풀이

상대를 그리워하는 마음이 간절함을 형용한다.

출전 :《詩經·王風·采葛》, "一日不見, 如三秋兮。"

번역 :《시경·왕풍·채갈》, "하루를 보지 못한 것이, 마치 삼 년 같다."

일해불여일해 : 게가 갈수록 이전 것만 못하다.

풀이

갈수록 나빠지는 것을 비유한다.

출전 : 宋 蘇軾,《艾子雜說》, "艾子行於海上, 見一物, 圓而褊, 且多足。問居人曰, 此何物也? 曰, 蝤蛑也。旣又見一物, 圓褊多足。問居人曰, 此何物也? 曰, 螃蟹也。又於後得一物, 狀貌皆若前所見, 而極小。問居人曰此何物也? 曰, 彭越也。艾子喟然歎曰, 何一蟹不如一蟹也!"

번역 : 송 소식,《애자잡설》, "애자가 바닷가에 갔다가, 어떤 것을 보았는데 둥글고 납작하면서 다리가 많았다. 주민에게 그것이 무엇인지를 물어보니, '꽃게'라고 하였다. 또 다른 것을 보았는데, (역시) 둥글고 납작하면서 다리가 많았다. 주민에게 그것이 무엇인지를 물어보니, '방게'라고 하였다. 다시 뒤에 다른 것을 보았는데, 모양은 모두가 전에 보았던 것들과 같지만 아주 작았다. 주민에게 그것이 무엇인지를 물어보니, '팽월[방게의 일종]'이라고 하였다. 애자는 '아'하고 탄식하면서 말하기를, '어째서 게가 갈수록 이전 것만 못한가!'라고 하였다."

일엽폐목 : 나뭇잎 하나가 눈을 가리다.

지엽적이고 일시적인 현상에 미혹되어 사물의 전모나 문제의
본질을 보지 못함을 비유한다. '일엽장목(一叶障目)'이라고도
한다.

출전 : 《鶡冠子・天則》, "一葉蔽目, 不見太山, 兩豆塞耳, 不聞雷
霆。"

번역 : 《갈관자・천칙》, "나뭇잎 하나가 눈을 가리면 큰 산도 보
이지 않고, 콩 두 개가 귀를 막으면 우레 소리도 들리지 않
는다."

一叶知秋(一葉知秋) yī yè zhī qiū

일엽지추 : 나뭇잎 하나에 가을을 안다.

하나에서 전체를 알고, 미세한 데에서 큰 변화를 헤아리는 것을
비유한다.

출전 : 《淮南子・說山訓》, "見一葉落, 而知歲之將暮, 睹瓶中之氷,
而知天下之寒。"

번역 : 《회남자・설산훈》, "나뭇잎 하나가 떨어지는 것을 보고 한 해
가 저물 것임을 알고, 병 속의 얼음을 보고 온 세상이 추워졌
음을 안다."

一衣帶水(一衣帶水) yī yī dài shuǐ

일의대수 : 하나의 허리띠 같은 물줄기

풀이

좁고 하잘것없는 것을 비유한다. 혹은 강이나 바다가 장애가 되지 못함을 비유하기도 한다.

출전 :《南史·陳本紀下》, "隋文帝謂僕射高熲曰, 我爲百姓父母, 豈可限一衣帶水, 不拯之乎?"

번역 :《남사·진본기하》, "수 문제가 복야인 고경에게 이르기를, '나는 백성의 부모인데, 어찌 하나의 허리띠 같은 물줄기에 막혀 그들을 구해 주지 않을 수 있겠는가?' 라고 하였다."

一字千金 yī zì qiān jīn

일자천금 : 한 글자가 천금에 해당하다.

풀이

문장이 뛰어난 것을 칭찬하는 말이다.

출전 :《史記·呂不韋傳》, "呂不韋, 乃使其客人人著所聞, 集論以爲八覽·六論·十二紀, 二十餘萬言。以爲備天地萬物古今之事, 號曰呂氏春秋, 布咸陽市門, 懸千金其上, 延諸侯游士賓客有能增損一字者, 予千金。"

번역 :《사기·여불위전》, "여불위는 이에 문객들로 하여금 각자 자

신들이 들은 바를 저술하게 하고, 모으고 편집하여 8람(覽)·6논(論)·12기(紀)로 만드니, 20여 만 자였다. (여불위는 이 책이) 세상의 온갖 사물과 고금의 일을 갖추었다고 여겨, 《여씨춘추(呂氏春秋)》라고 이름을 붙이고 함양[진(秦)나라의 수도]의 저자 입구에 포고하여 그 위에 천금을 걸고, 제후의 유세객과 문객에게 청하여 한 글자를 더하거나 뺄 수 있는 자가 있다면 천금을 주겠다고 하였다."

一字师(一字師) yīzìshī

일자사 : 한 글자의 스승

풀이

한 글자의 잘못을 바로잡아 주는 사람을 가리킨다.

출전 : 五代 王定保,《唐摭言·切磋》, "大居守李相, 讀春秋, 誤呼叔孫婼爲婼。日讀一卷, 有小吏侍側, 常有不懌之色。公惟問之, 爾常讀此書耶? 曰, 然。胡爲聞我讀至此, 而數色沮耶? 吏再拜言曰, 緣某師授誤呼文字。今聞相公呼婼爲婼, 方悟耳。公曰, 不然。吾未之師也。自檢釋文, 而讀必誤在我, 非在爾也。因以釋文, 示之。小吏因委曲言之, 公大慙媿, 命小吏, 受北面之禮, 號爲一字師。"

번역 : 오대 왕정보,《당척언·절차》, "대거수[유수(留守)]인 이상이 《춘추》를 읽는데, '숙손착'['착(婼)'은 '칙략(敕略)' 반절]을 '(숙손)추'['칙구(敕劬)' 반절]로 잘못 읽었다. 날마다

한 권을 읽는데 아전이 옆에 있으면서 항상 불편한 기색이 있었다. 공이 그에게, '너도 항상 이 책을 읽느냐?'라고 묻자, '그렇습니다.'라고 대답하였다. '어째서 내가 이 곳을 읽는 것을 듣고, 자주 안색이 가라앉는가?'라고 묻자 아전은 재배하고 말하기를, '저의 선생님이 글자 읽는 것을 잘못 가르쳐 주셨기 때문입니다. 지금 상공께서 '착'을 '추'로 읽으시는 것을 듣고 막 깨달았습니다.'라고 하였다. (뒤에) 공이 말하기를, '그렇지 않다. 나는 아직 그분을 스승 삼지 못했구나. 내 자신이 《경전석문(經典釋文)》[당(唐) 육덕명(陸德明)이 지은 책]을 찾아보니, 읽는데 반드시 잘못이 나에게 있었지, 너에게 있지 않다.'라고 하면서 《경전석문》을 가져다 보여 주었다. (이에) 아전이 자세한 내막을 말하니, 공이 크게 부끄러워하면서 아전에게 '북면의 예[스승으로 모시는 예]'를 받도록 하고 '일자사[一字師, 한 글자의 스승]'라고 불렀다."

倚马千言(倚馬千言)　yǐ mǎ qiān yán

의마천언 : 말에 기대어 천 자를 짓다.

풀이

문재(文才)가 뛰어나 글을 짓는 것이 매우 빠른 것을 비유한다.

출전 : 南朝 宋 劉義慶, 《世說新語·文學》, "桓宣武北征, 袁虎時從。被責免官, 會須露布文, 喚袁倚馬前令作。手不輟筆, 俄得七紙, 殊可觀。"

번역 : 남조 송 유의경, 《세설신어·문학》, "(동진의) 환온[桓溫, 그

의 아들 환현(桓玄)이 개국(開國)하여 국명을 초(楚)라 하고 환온을 추존하여 선무황제(宣武皇帝)라고 하였다.]이 북쪽을 정벌할 때, 원호가 당시에 따라갔었다. 견책을 당해 면직되어 있었는데, 마침 포고문을 내게 되어 원호를 불러 말 앞에 기댄 채 짓도록 하였다. 손에서 붓을 놓지 않더니 잠시 후에 일곱 장의 글을 써냈는데 아주 훌륭하였다.”

亦步亦趋(亦步亦趨) yì bù yì qū

역보역추 : 따라 걷고, 따라 종종걸음치다.

풀이

매사에 자신의 주관을 갖지 못하고 남을 따르는 것을 비유한다.

출전 :《莊子·田子方》, “夫子步亦步, 夫子趨亦趨。夫子馳亦馳, 夫子奔逸絶塵, 而回瞠若乎後矣。”

번역 :《장자·전자방》, “선생님이 걸으시면 저[공자(孔子)의 제자인 안회(顔回)이다.]도 걷고, 선생님이 걸음을 재촉하시면 저도 걸음을 재촉하였습니다. 선생님이 뛰시면 저도 뛰었고, 선생님이 멀리 달려 종적이 없으시면, 저는 눈만 휘둥그레 뜨고 뒤에 처졌습니다.”

易如反掌 yì rú fǎn zhǎng

이여반장 : 쉽기가 손바닥을 뒤집는 것과 같다.

일을 이루기가 매우 쉬운 것을 비유한다.

출전 :《孟子·公孫丑上》, "以齊王, 由反手也。"

번역 :《맹자·공손추상》, "제나라로 왕천하(王天下)하는 것은, 손을 뒤집는 것과 같다."

殷鉴(殷鑒) yīnjiàn

은감 : 은나라의 거울

경계로 삼아야 할, 앞사람의 실패를 가리키는 말이다.[은(殷)나라가 하(夏)나라를 멸망시켰으니, 은나라의 후손들은 마땅히 하나라의 멸망을 거울로 삼아야 한다는 뜻이다.]

출전 :《詩經·大雅·蕩》, "殷鑒不遠, 在夏后之世。"

번역 :《시경·대아·탕》, "은나라의 거울은 멀리에 있지 않으니, 하나라의 시대에 있느니라."

引人入胜(引人入勝) yǐn rén rù shèng

인인입승 : 사람을 이끌어 뛰어난 경지에 들게 하다.

풍경이나 문장 등이 아름다워 사람을 매혹시키는 것을 비유한다.

출전 ： 南朝 宋 劉義慶,《世說新語·任誕》, "王衛軍云, 酒正自引人

著勝地。"

번역 ： 남조 송 유의경,《세설신어·임탄》, "왕위군이 이르기를, '술은 정말 저절로 사람을 이끌어 뛰어난 경지에 이르게 한다.'라고 하였다."

饮水思源(飲水思源)　yǐn shuǐ sī yuán

음수사원 : 물을 마시며 근원을 생각하다.

풀이

근본을 잊지 않음을 비유한다.

출전 ： 北周 庾信,〈徵調曲〉, "落其實者思其樹, 飮其流者懷其源。"

번역 ： 북주 유신,〈치조곡〉, "열매를 따는 자는 그 나무를 생각하고, 물을 마시는 자는 그 근원을 생각한다."

迎刃而解(迎刃而解)　yíng rèn ér jiě

영인이해 : 칼날을 받아 쪼개지다

풀이

칼로 대나무의 한쪽 끝을 쪼개면 아랫부분은 저절로 갈라지듯이, 중요한 문제가 해결 되면 나머지 문제들은 저절로 해결됨을 비유한다.

출전 :《晉書・杜預傳》, "今兵威已振。譬如破竹, 數節之後, 皆迎
刃而解, 無復著手處也。"

번역 :《진서・두예전》, "지금 군대의 위세가 이미 떨쳐져 있습니
다. 비유하자면 대나무를 쪼개는데, 여러 마디의 뒤까지
모두 칼날을 받아 쪼개져 다시 손댈 곳이 없는 것과 같습
니다."

蝇营狗苟(蠅營狗苟) yíng yíng gǒu gǒu

승영구구 : 파리처럼 분주하고 개처럼 구차하다.

풀이

명리(名利)를 위하여 염치를 돌아보지 않음을 비유한다.

출전 : 唐 韓愈, 〈送窮文〉, "朝悔其行, 暮已復然, 蠅營狗苟, 驅去
復還。"

번역 : 당 한유, 〈송궁문〉, "아침에 그런 행동을 후회하지만 저녁이
면 또 다시 그러하니, 파리처럼 앵앵거리고 개처럼 구차하게,
쫓아내도 다시 온다."

应接不暇(應接不暇) yìngjiē bù xiá

응접불가 : 맞이할 겨를이 없다.

풀이

다 볼 수 없을 만큼 경치가 아름다움을 비유한다. 후에는 일이

너무 많아 처리해 낼 수 없음을 형용하는 말로도 쓰이게 되었다.

出전 : 南朝 宋 劉義慶,《世說新語·言語》, "從山陰道上行, 山川自相映發, 使人應接不暇。"

번역 : 남조 송 유의경,《세설신어·언어》, "산음의 길을 따라 가다 보면, 산과 내가 각기 서로 빛을 발하여 사람으로 하여금 맞이할 겨를이 없게 한다."

用舍行藏　yòng shě xíng cáng

용사행장 : 쓰이고 버려짐에 따라 나아가고 은거한다.

풀이

나아가고 물러나는 태도에 대한 유가의 가르침이다. '용행사장(用行舍藏)'이라고도 한다.

出전 :《論語·述而》, "用之則行, 舍之則藏。"

번역 :《논어·술이》, "쓰여지면 (도를) 행하고, 버려지면 은거한다."

遊刃有余(遊刃有餘)　yóu rèn yǒu yú

유인유여 : 칼을 놀림에 여지가 있다.

풀이

솜씨가 숙련되어 일 처리가 능수능란함을 비유한다.

 :《莊子・養生主》, “今臣之刀十九年矣, 所解數千牛矣, 而刀刃若新發於硎。彼節者有間, 而刀刃者無厚。以無厚入有間, 恢恢乎其於遊刃必有餘地矣。”

번역 :《장자・양생주》, “지금 저의 칼은 19년이 되었고 해부한 소는 수천 마리가 되지만, 칼날은 막 숫돌에서 나온 듯합니다. 저 뼈마디는 틈이 있고, 칼날은 두께가 없습니다. 두께가 없는 것을 가지고 틈이 있는 곳에 넣으니, 드넓어서 칼을 놀림에 반드시 여지가 있는 것입니다.”

有备无患(有備無患)　yǒu bèi wú huàn

유비무환 : 준비가 있으면 근심이 없다.

풀이

미리 대비해야 훗날에 재난을 피할 수 있음을 일컫는다.

출전 :《左傳・襄公十一年》, “書曰, 居安思危。思則有備, 有備無患。”

번역 :《좌전・양공 11년》, “《서경(書經)》에서, ‘편안한 처지에 있을 때 위태로움을 생각하라.’ 라고 했습니다. (위태로움을) 생각하면 준비가 있고 준비가 있으면 근심이 없게 됩니다.”

有始有卒　yǒu shǐ yǒu zú

유시유졸 : 처음이 있고 끝이 있다.

 풀이

일을 끝까지 해내는 것을 비유한다. '유시유종(有始有终)'이라고
도 한다.

출전 : 《論語·子張》, "有始有卒者, 其唯聖人乎。"

번역 : 《논어·자장》, "처음이 있고 끝이 있는 것은 아마도 성인뿐이
리라."

隅反 ☞ 举一反三 yúfǎn ☞ jǔ yī fǎn sān

우반 ☞ 거일반삼

愚不可及 yú bù kě jí

우불가급 : 어리석음을 따라갈 수 없다.

풀이

지극히 어리석은 것을 형용한다. 원래는, 어려움을 피하지 않고
온 힘을 다하는 우직함을 칭송하는 말이었다.

출전 : 《論語·公冶長》, "甯無子, 邦有道則知, 邦無道則愚。其知,
可及也, 其愚, 不可及也。"

번역 : 《논어·공야장》, "영무자는 나라에 도가 있을 때에는 지혜로
웠고, 나라에 도가 없을 때에는 우직했다. 그 지혜는 따라갈
수 있겠지만, 그 우직함은 따라갈 수 없다."

愚公移山　Yúgōng yí shān

우공이산 : 우공이 산을 옮기다.

풀이

일을 추진함에 있어, 뜻을 세워 끈기 있게 밀고 나가면 결국은 이룰 수 있음을 비유한다.

출전 :《列子・湯問》, "北山愚公者, 年且九十, 面山而居。懲山北之塞, 出入之迂也, 聚室而謀。曰, '吾與汝畢力平險, 指通豫南, 達於漢陰, 可乎?' … 河曲智叟, 笑而止之曰, '甚矣! 汝之不惠。以殘年餘力, 曾不能毁山之一毛, 其如土石何?' 北山愚公長息曰, '… 子子孫孫, 無窮匱也, 而山不加增, 何苦而不平?' 河曲智叟亡以應。操蛇之神聞之, 懼其不已也, 告之於帝。帝感其誠, 命夸蛾氏二子, 負二山, 一厝朔東, 一厝雍南。"

번역 :《열자・탕문》, "북산의 우공이라는 사람이 나이가 거의 90이 되어 가는데, 산을 마주하여 살고 있었다. 산의 북쪽이 막혀, 드나드는 길이 먼 것을 불편하게 여겨 가족을 모아놓고 상의하였다. '내가 너희들과 힘을 다하여 험한 산을 평지로 만들어, 바로 예주의 남쪽으로 통하고 한음에 이르고자 하는데 괜찮은가?' 라고 하였다. … 하곡[황하의 굽이]의 지수라는 이가 비웃으면서 말리기를, '심하구나! 그대의 어리석음이여. (그대의) 남은 나이와 힘으로는 아예 산의 풀 한 포기도 덜어내지 못할 텐데 흙과 돌을 어쩔 셈인가?' 라고 하였다. 북산의

우공이 길게 탄식하면서 말하기를, ' … (나의) 아들들과 손자들은 끊임없이 태어날 것이고 산은 더 높아지지 않으리니, 어찌 평평해지지 않는다고 고민하겠는가?'라고 하자 하곡의 지수는 대답할 수가 없었다. 뱀을 부리는 신이 이 말을 듣고 그가 그만두지 않을 것을 두려워하여 상제에게 아뢰었다. 상제는 그의 정성에 감동하여 과아씨의 두 아들에게 명하여, 두 산을 져다가 하나는 삭방(朔方)의 동쪽에 두고 하나는 옹주(雍州)의 남쪽에 두도록 하였다."

鱼肉(魚肉) yúròu

어육 : 생선의 고기

 **풀이**

피해를 당하는 대상을 비유하는 말이다.

출전 :《史記·項羽本紀》, "如今人方爲刀俎, 我爲魚肉, 何辭爲。"

번역 :《사기·항우본기》, "지금 저들은 바야흐로 칼과 도마가 되었고, 우리는 생선의 고기가 되었는데, 무슨 하직인사를 하겠습니까?"

余音绕梁(餘音繞梁) yú yīn rào liáng

여음요량 : 여운이 들보를 감돌다.

 **풀이**

노래나 음악이 아름다워 여운이 오래 가는 것을 비유한다.

출전 :《列子·湯問》, "昔韓娥東之齊, 匱糧。過雍門, 鬻歌假食, 既去, 而餘音繞梁欐, 三日不絶。"

번역 :《열자·탕문》, "옛날에 한아가 동쪽으로 제나라에 갔다가 양식이 떨어졌다. 옹문을 지나면서 노래를 불러 음식을 구했는데, 떠난 뒤에도 여운이 들보를 감돌면서 3일 동안 그치지 않았다."

鱼游釜中(魚游釜中) yú yóu fǔ zhōng

어유부중 : 물고기가 솥 안에서 헤엄치다.

풀이

곧 화가 미칠 위험한 상황을 비유한다.

출전 :《後漢書·張綱傳》, "相聚偸生, 若魚游釜中, 喘息須臾間耳。"

번역 :《후한서·장강전》, "서로 모여 삶을 도모하지만, 마치 물고기가 솥 안에서 헤엄치는 것과 같아, 잠시 숨을 헐떡이고 있을 뿐이다."

羽化(羽化) yǔhuà

우화 : 날개가 생겨 신선이 되다.

풀이

신선이 되는 것을 비유한다. 죽음에 대한 완곡한 표현으로도 쓰인다.

출전 :《晋書‧許邁傳》, "自後莫測所終, 好道者, 皆謂之羽化矣。"

번역 :《진서‧허매전》, "이후로 (생을) 마친 바를 아는 이가 없었다. 도를 좋아하는 이들은 모두, 그가 날개가 생겨 신선이 되었다고 하였다."

鷸蚌相争, 渔人得利(鷸蚌相爭, 漁人得利)
yù bàng xiāng zhēng, yúrén dé lì

휼방상쟁, 어인득리 : 도요새와 방합이 싸우는데, 어부가 이익을 얻다.

풀이

양쪽이 싸우는 틈에 제삼자가 이익을 얻는 것을 비유한다.

출전 :《戰國策‧燕策》, "趙且伐燕, 蘇代爲燕謂惠王。曰, 今者臣來, 過易水, 蚌方出曝, 而鷸啄其肉。蚌合而拑其喙, 鷸曰, 今日不雨, 明日不雨, 卽有死蚌。蚌亦謂鷸曰, 今日不出, 明日不出, 卽有死鷸。兩者不肯相舍, 漁者得而幷禽之。故願王之熟計之也。惠王曰, 善。乃止。"

번역 :《전국책‧연책》, "조나라가 연나라를 치려고 하자 소대가 연나라를 위해 (조나라) 혜왕에게 말하였다. 지금 제가 오면서 역수를 지날 때, 방합이 막 나와서 햇볕을 쬐고 있는데 도요새가 방합의 살을 쪼았습니다. 방합이 껍데기를 닫아 도요새의 부리를 물자, 도요새가 말하였습니다. '오늘 비오지 않고 내일 비오지 않으면, 결국 죽은 방합이 있을 것이다.' 방합

역시 도요새에게 말하였습니다. '오늘 풀어 주지 않고 내일 풀어 주지 않으면, 결국 죽은 도요새가 있을 것이다.' 양쪽은 서로 놓아 주려 하지 않았고, 어부가 둘을 모두 잡게 되었습니다. 그러므로 왕께서는 잘 살피시기 바랍니다. 혜왕이 '훌륭하다.'라고 말하고, (연나라를 치려던 계획을) 그만두었다."

玉石俱焚　yù shí jù fén

옥석구분 : 옥과 돌이 모두 타다.

 풀이

좋은 것과 나쁜 것이 함께 피해를 받음을 비유한다.

출전 :《書經·胤征》, "火炎崑岡, 玉石俱焚。天吏逸德, 烈于猛火。殲厥渠魁, 脅從罔治。舊染汙俗, 咸與惟新。"

번역 :《서경·윤정》, "불이 곤강을 태우면, 옥과 돌이 모두 탄다. 천자의 관리가 덕을 잘못하는 것은 사나운 불길보다 더욱 뜨겁다. 저 우두머리들은 모두 죽일 것이로되, 위협으로 따른 자들은 다스리지 않겠다. 예전에 물든 더러운 습속은, 모두 새로워지도록 하겠다."

淵藪(淵藪)　yuānsǒu

연수 : 못과 숲

사람이나 물산이 많이 모이는 곳을 비유하는 말이다.

출전 :《書經·武成》, "今商王受無道, 暴殄天物, 害虐烝民, 爲天下逋逃主, 萃淵藪。"

번역 :《서경·무성》, "지금 상나라왕 수가 무도하여, 만물을 해치고 백성을 학대하여 천하에 도망한 자들의 우두머리가 되었는지라, (악인들이) 못과 숲에 모이듯 합니다."

圆颅方趾(圓顱方趾) yuán lú fāng zhǐ

원로방지 : 둥그런 머리와 네모난 발

사람을 비유하는 말이다.

출전 :《淮南子·精神訓》, "頭之圓也象天, 足之方也象地。"

번역 :《회남자·정신훈》, "머리가 둥근 것은 하늘을 닮은 것이고, 발이 네모난 것은 땅을 닮은 것이다."

援手 yuánshǒu

원수 : 손으로 끌다.

풀이

위기에 빠진 사람을 구조하는 것을 가리킨다.

 : 《孟子·離婁上》, "天下溺, 援之以道, 嫂溺, 援之以手。"

 : 《맹자·이루상》, "천하 사람들이 도탄에 빠지면 도로 이끌어 구해 주고, 형수가 물에 빠지면 손으로 이끌어 구해 준다."

缘木求鱼(緣木求魚) yuán mù qiú yú

연목구어 : 나무에 올라가 물고기를 구하다.

풀이

적절하지 못한 방법으로는 소기의 목적을 이룰 수 없음을 비유한다.

 : 《孟子·梁惠王上》, "以若所爲, 求若所欲, 猶緣木而求魚也。"

 : 《맹자·양혜왕상》, "이와 같은 행위로 이와 같은 바람을 추구한다면, 나무에 올라가 물고기를 구하는 것과 같습니다."

源远流长(源遠流長) yuán yuǎn liú cháng

원원류장 : 근원이 멀고 흐름이 길다.

풀이

역사가 길고 바탕이 깊은 것을 비유한다.

 : 唐 白居易, 〈海州刺史裴君夫人李氏墓志銘〉, "夫源遠者流長, 根深者枝茂。"

 : 당 백거이, 〈해주자사배군부인이씨묘지명〉, "무릇 근원이

원대한 것은 흐름이 길고, 뿌리가 깊은 것은 가지가 무성하
다."

远交近攻(遠交近攻) yuǎn jiāo jìn gōng

원교근공 : 멀리는 교류하고 가까이는 공격하다.

풀이

먼 나라와는 연합하고 가까운 나라는 공격하는 작전을 일컫는다.
진(秦)나라가 6국을 멸망시킨 계책이다.

출전 :《戰國策·秦策》, "王不如遠交而近攻, 得寸則王之寸, 得尺
亦王之尺也。"

번역 :《전국책·진책》, "전하께서는 멀리는 교류하고 가까이는 공
격하는 것이 좋습니다. 한 치를 얻어도 전하의 한 치이고, 한
자를 얻어도 전하의 한 자입니다."

约定俗成(約定俗成) yuē dìng sú chéng

약정속성 : 약속이 정해져서 풍습이 이루어지다.

풀이

사물의 명칭이나 습관이 오래되어 사회적으로 인정되는 것을 일
컫는다.

출전 :《荀子·正名》, "名無固宜, 約之以命。約定俗成謂之宜, 異
於約則謂之不宜。"

번역 :《순자·정명》, "명칭이란 고정된 마땅함이 없지만 약속하여 이름을 붙이는 것이다. 약속이 정해져서 풍습이 이루어지는 것을 '마땅함'이라 하고, 약속한 것과 다른 것을 '마땅하지 않음'이라고 한다."

约法三章(約法三章) yuē fǎ sān zhāng

약법삼장 : 간략한 법 세 가지

풀이

간단한 규정을 비유하는 말이다.

출전 :《史記·高祖本紀》, "與父老約, 法三章耳。殺人者死, 傷人及盜抵罪。"

번역 :《사기·고조본기》, "어르신들과 약속할 것은 법 세 가지뿐입니다. 사람을 죽인 자는 사형에 처하고, 사람을 해치거나 도둑질하면 죄에 따라 처벌하는 것입니다."

月下老人 yuè xià lǎorén

월하노인 : 달 아래의 노인

풀이

중매인을 일컫는다. '월하노아(月下老儿)' 혹은 '월노(月老)'라고도 한다.

출전 :《續幽怪錄·定婚店》, “韋固少未娶, 旅次宋城。遇異人, 倚囊坐, 向月檢書, 如西國梵字, 云此幽冥之書。固曰, 然則君何主? 曰天下之婚爾。因問囊中赤繩子, 云以繫夫妻之足。雖仇家異域, 此繩一繫, 終不可易。”

번역 :《속유괴록·정혼점》, “[당대(唐代)의] 위고가 젊은 시절 아직 장가들지 않았을 때에, 여행을 하다가 송성에 머물게 되었다. 특이한 노인을 만났는데, 바랑에 기대 앉아 달을 향해 인도의 범어자(梵語字) 같은 책을 뒤적이면서, ‘이것은 현묘한 책이다.’라고 하였다. 위고가, ‘그러면 그대는 무엇을 주관하십니까?’하고 묻자, ‘천하의 혼사이다.’라고 하였다. 이에 바랑 속의 붉은 줄에 대해 묻자, ‘부부의 다리를 묶는 것이다. 비록 원수의 집안이나 멀리 떨어진 곳이라도, 이 줄로 한 번 묶으면 끝내 바꿀 수 없다.’라고 하였다.”

越俎代庖 yuè zǔ dài páo

월조대포 : 제기(祭器)를 넘어가서 요리사를 대신하다.

풀이

자신의 직무를 넘어서 다른 사람의 일에 간섭하는 것을 비유한다. ‘대포(代庖)’라고도 한다.

출전 :《莊子·逍遙遊》, “庖人雖不治庖, 尸祝不越樽俎而代之矣。”

번역 :《장자·소요유》, “요리사가 비록 주방 일을 잘 하지 못하더라도, 제사를 주관하는 사람이 제기를 넘어가서 요리사를 대신

하지는 않습니다.”

云雨(雲雨)　yúnyǔ

운우 : 구름과 비

 풀이

남녀 간의 정교(情交)를 비유하는 말이다.[초나라 회왕(懷王)이 고당(高唐)에서 놀다가 꿈 속에서 무산(巫山)의 선녀를 만나 정을 나누었다. 선녀가 떠날 때, 자신은 구름과 비가 되어 다시 올 것을 기약하였다.]

출전 : 戰國 楚 宋玉, 〈高唐賦序〉, “昔者, 先王嘗游高唐, 怠而晝寢。夢見一婦人, 曰, 妾巫山之女也, 爲高唐之客。聞君游高唐, 願薦枕席。王因幸之, 去而辭曰, 妾在巫山之陽, 高丘之阻。旦爲朝雲, 暮爲行雨, 朝朝暮暮, 陽臺之下。”

번역 : 전국 초 송옥, 〈고당부서〉, “옛날에, 선왕께서 일찍이 고당에서 노닐다가 피곤하여 낮에 잠이 들었습니다. 꿈에 한 부인을 만났는데 말하기를, ‘저는 무산의 선녀로 고당에 손님으로 왔습니다. 전하께서 고당에 노니신다는 소식을 듣고 (온 것이니,) 잠자리를 시중들고자 합니다.’ 라고 하였습니다. 선왕께서 이로 인해 총애하시게 되었는데, 떠나면서 말하기를, ‘저는 무산의 남쪽, 높은 산의 험한 곳에 있습니다. 아침에는 아침 구름이 되고, 저녁에는 지나는 비가 되어, 아침저녁으로 양대로 내려옵니다.’ 라고 하였습니다.”

运筹帷幄(運籌帷幄)　yùn chóu wéiwò

운주유악 : 군막에서 작전을 짜다.

풀이

후방에서 작전 계획을 짜는 것을 일컫는다. 또한 일반적으로 전략
을 계획하는 것을 가리킨다.

출전 :《漢書·高帝紀》, "上曰, 夫運籌帷幄之中, 決勝千里之外,
吾不如子房。"

번역 :《한서·고제기》, "유방(劉邦)이 말하기를, '군막 안에서 작전
을 짜 천리 밖의 전투에서 승부를 결정짓는 것은, 내가 자방
[유방의 책사(策士)인 장량(張良)의 자(字)이다.]만 못하다.'"

运斤成风(運斤成風)　yùn jīn chéng fēng

운근성풍 : 도끼를 휘둘러 바람을 일으키다.

풀이

기술이 뛰어난 것을 비유한다.

출전 :《莊子·徐無鬼》, "郢人堊漫其鼻端, 若蠅翼。使匠石斲之,
匠石運斤成風, 聽而斲之。盡堊而鼻不傷, 郢人立不失容。"

번역 :《장자·서무귀》, "영(초나라 수도) 사람이 그의 코끝에 진흙
이 칠해져 있는데 파리의 날개처럼 얇았다. 장인인 석(石)에
게 그것을 벗겨 내게 하니, 석이 도끼를 휘둘러 바람을 일으키

며 그대로 벗겨 내었다. 진흙을 다 제거했지만 코는 다치지 않
았고, 영 사람은 선 채로 안색도 변하지 않았다."

再衰三竭(再衰三竭) ☞ 一鼓作气
zài shuāi sān jié ☞ yī gǔ zuò qì

재쇠삼갈 ☞ 일고작기

糟糠之妻　zāo kāng zhī qī

조강지처 : 지게미와 겨를 함께 먹은 아내

 풀이

가난할 때 함께 고생한 아내를 가리킨다.

출전 : 《後漢書·宋弘傳》, "貧賤之知不可忘, 糟糠之妻不下堂。"

번역 : 《후한서·송홍전》, "빈천할 때 알게 된 친구는 잊을 수 없고, 지게미와 겨를 함께 먹은 아내는 집에서 내치지 않는다."

责备(責備)　zébèi

책비 : 갖추어지기를 요구하다.

풀이

남에게 완벽함을 요구하는 것을 비유한다. 지금은 "남을 비난하다."라는 뜻으로 쓰인다.

출전 : 《淮南子・氾論訓》, "君子不責備於一人。"

번역 : 《회남자・범론훈》, "군자는 한 사람에게서 완벽함을 요구하지 않는다."

瞻前顾后(瞻前顧後)　zhān qián gù hòu

첨전고후 : 앞을 올려다보고 뒤를 돌아보다.

풀이

일 처리에 생각을 많이 하고 조심하는 것을 비유한다.

출전 : 《楚辭・离騷》, "瞻前而顧後兮, 相觀民之計極。"

번역 : 《초사・이소》, "앞을 올려다보고 뒤를 돌아보면, 백성의 계책과 준칙을 보게 됩니다."

斩草除根(斬草除根)　zhǎn cǎo chú gēn

참초제근 : 풀을 자르고 뿌리를 제거하다.

풀이

화근을 철저히 제거하여 후환을 남기지 않는 것을 비유한다.

출전 : 《左傳・隱公六年》, "爲國家者, 見惡如農夫之務去草焉。茇

夷蘊崇之, 絶其本根, 勿使能殖, 則善者信矣。”

번역 :《좌전·은공 6년》, “나라를 다스리는 자는, 악을 보면 농부가 힘써 풀을 제거하듯이 해야 한다. 그것을 베어서 쌓아 두고 그 뿌리를 없애 버려 번식할 수 없게 한다면, 좋은 싹들이 잘 자랄 것이다[어진이들이 믿게 될 것이다].”

战战兢兢(戰戰兢兢) zhànzhànjīngjīng

전전긍긍 : 두려워 떠는 모습

 **풀이**

두려워하고 조심하는 모습을 형용한다.

출전 :《詩經·小雅·小旻》, “戰戰兢兢, 如臨深淵, 如履薄冰。”

번역 :《시경·소아·소민》, “두려워하고 조심하는 것이, 깊은 연못에 다가서 있는 듯이 하고, 얇은 어름을 밟고 있는 듯이 한다.”

朝三暮四 zhāo sān mù sì

조삼모사 : 아침에는 세 개, 저녁에는 네 개

 **풀이**

변덕스러움을 비유하는 말이다. 원래는, 간사한 꾀로 어리석은 사람을 속이는 것, 또는 눈앞의 이익에 빠져 사리판단을 잘하지 못하는 것을 비유하는 말이었다.

출전 : 《莊子·齊物論》, "狙公賦芧曰, 朝三而暮四, 衆狙皆怒。曰, 然則朝四而暮三, 衆狙皆悅。"

번역 : 《장자·제물론》, "원숭이를 기르는 사람이 도토리를 주면서, '아침에 세 개 주고 저녁에는 네 개 주겠다.'라고 하자 뭇 원숭이들이 모두 화를 냈다. (다시) 말하기를, '그렇다면 아침에 네 개 주고 저녁에 세 개 주겠다.'라고 하자 뭇 원숭이들이 모두 좋아하였다."

真面目(眞面目)　zhēnmiànmù

진면목 : 참된 모습

풀이

일의 진상, 혹은 사람의 본 모습을 비유하는 말이다.

출전 : 宋 蘇軾, 〈題西林壁〉, "橫看成嶺側成峰, 遠近高低各不同。不識廬山眞面目, 只緣身在此山中。"

번역 : 송 소식, 〈제서림벽〉, "가로로 보니 산줄기를 이루고 옆에서 보니 봉우리를 이루어, 원근과 고저에 따라 각기 다르다. 여산의 진면목을 알 수 없는 것은, 다만 몸이 이 산 중에 있기 때문이다."

知己知彼　zhī jǐ zhī bǐ

지기지피 : 나를 알고 상대를 알다.

 풀이

자신과 상대방에 대해 잘 아는 것을 가리킨다. '지피지기(知彼知
己)'라고도 한다.

출전 :《孫子·謀攻》, "知彼知己者, 百戰不殆。不知彼而知己, 一
勝一負。不知彼不知己, 每戰必殆。"

번역 :《손자·모공》, "상대를 알고 나를 알면 백 번 싸워도 위태롭
지 않다. 상대를 알지 못하고 나를 알면 한 번은 이기고 한 번
은 진다. 상대를 알지 못하고 나를 알지 못하면 싸울 때마다
반드시 위태롭다."

知命 zhīmìng

지명 : 천명을 알다.

풀이

하늘의 이치를 아는 것을 가리킨다. 후에는 주로 사람의 나이 오
십 세를 가리키는 말로 쓰이게 되었다.

출전 :《論語·爲政》, "五十而知天命。"

번역 :《논어·위정》, "오십이 되어 천명을 알았다."

知音 zhīyīn

지음 : 음을 알아주다.

자신의 장점을 알아주는 사람을 가리킨다. '고산유수(高山流水)'
라고도 한다.

출전 :《列子·湯問》, "伯牙善鼓琴, 鍾子期善聽。伯牙鼓琴, 志在
登高山, 鍾子期曰, '善哉! 峩峩兮若泰山。' 志在流水, 鍾子
期曰, '善哉! 洋洋兮若江河。' 伯牙所念, 鍾子期必得之。"

번역 :《열자·탕문》, "백아는 거문고를 잘 탔고 종자기는 듣기를 잘
했다. 백아가 거문고를 켤 때, 그 뜻이 높은 산을 오르는 데에
있으면 종자기는, '훌륭하다! 험준함이 태산과 같구나.' 라고
하였다. 그 뜻이 흐르는 물에 있으면 종자기는, '훌륭하다!
드넓음이 양자강과 황하 같구나.' 라고 하였다. 백아가 생각하
고 있는 것을 종자기는 반드시 알아차렸다."

执牛耳(執牛耳) zhí niú'ěr

집우이 : 소의 귀를 잡다.

맹약의 주도자가 되는 것을 비유한다. 후에는 주도적인 위치에 있는
사람을 가리키는 말로 쓰이게 되었다.[옛날에 제후들이 맹약을 할
때, 맹주(盟主)가 소의 귀를 베어 맹약에 쓸 피를 받았다.]

출전 :《左傳·哀公十七年》, "諸侯盟, 誰執牛耳?"

번역 :《좌전·애공 17년》, "제후들이 맹약을 할 때, 누가 소의 귀를
잡았소?"

指鹿为마(指鹿爲馬) zhǐ lù wéi mǎ

지록위마 : 사슴을 가리켜 말이라고 하다.

풀이

고의로 옳고 그름을 뒤집는 것을 비유한다.

출전 :《史記·秦始皇本紀》, “趙高欲爲亂, 恐群臣不聽, 乃先設驗。持鹿獻於二世曰, 馬也。二世笑曰, 丞相誤邪。謂鹿爲馬, 問左右。左右或默, 或言馬以阿順趙高, 或言鹿。高因陰中諸言鹿者以法。後群臣皆畏高。”

번역 :《사기·진시황본기》, “조고가 반란을 일으킬 생각을 하고 있었는데, 뭇 신하들이 따르지 않을까 염려되어 우선 한번 시험을 하였다. 사슴을 가지고 [진(秦)나라 2대 황제인] 이세(二世)에게 바치면서, ‘말입니다.’라고 하였다. 이세가 웃으면서, ‘승상이 틀린 것 같소. 사슴을 일러 말이라고 하다니요.’라고 말하고 측근의 신하들에게 물었다. 측근의 신하들 중에 어떤 이는 침묵하였고, 어떤 이는 말이라고 하면서 조고에게 아부하였고, 어떤 이는 사슴이라고 하였다. 조고는 사슴이라고 말한 사람들 모두를 법을 이용해 남몰래 해쳤다. 이후로 뭇 신하들이 모두 조고를 두려워하였다.”

指日可待 zhǐ rì kě dài

지일가대 : 날짜를 지정하여 기다릴 수 있다.

 **풀이**

머지않아 실현될 수 있음을 비유한다.

출전 : 宋 司馬光, 〈乞開言路狀〉, "言路將開, 下情得以上通, 太平
之期, 指日可待也。"

번역 : 송 사마광, 〈걸개언로장〉, "언로가 장차 열리면 아랫사람의
실정이 위로 통해질 수 있어, 태평 시대를 날짜를 지정하여
기다릴 수 있을 것입니다."

咫尺　zhǐchǐ

지척 : 길이의 단위[1지(咫)는 8촌(寸), 1척(尺)은 10촌
이다.]

풀이

매우 가까운 거리를 비유하는 말이다.

출전 : 《左傳·僖公九年》, "天威不違顏咫尺。"

번역 : 《좌전·희공 9년》, "천자의 위엄이 얼굴로부터[나로부터] 떨
어진 것이 지척도 되지 않습니다."

栉风沐雨(櫛風沐雨)　zhì fēng mù yǔ

즐풍목우 : 바람에 빗질하고 비에 머리 감다.

 풀이

객지에서 떠돌며 많은 고생을 하는 것을 비유한다.

출전 : 《莊子・天下》, “沐甚雨, 櫛急風。”

번역 : 《장자・천하》, “[우(禹)임금이 치수(治水)할 때,] 심한 비에 머리 감고, 센 바람에 빗질하였다.”

终南捷径(終南捷徑) Zhōngnán jiéjìng

종남첩경 : 종남산의 지름길

풀이

관직을 얻는 지름길을 풍자한 말이다. 또한 목표에 이르는 지름길을 비유하기도 한다.

출전 : 《新唐書・盧藏用傳》, “司馬承禎嘗召至闕下, 將還山。藏用指終南曰, 此中大有嘉處。承禎徐曰, 以僕視之, 仕宦之捷徑耳。藏用慚。”

번역 : 《신당서・노장용전》, “사마승정이 일찍이 부름을 받아 대궐에 갔다가 산으로 돌아가려던 참이었다. 노장용이 종남산을 가리키며, ‘이 중에 아주 좋은 곳이 있습니다.’ 라고 하였다. 사마승정이 천천히, ‘제가 보기에는 벼슬하는 지름길일 뿐이요.’ 라고 말하자 노장용이 부끄러워하였다.”[노장용이 종남산에 은거하는 방법을 통해 은자(隱者)라는 이름을 얻었고, 결국 벼슬에 오른 것을 조롱한 내용이다.]

中山狼　zhōngshānláng

중산랑 : 중산(中山)의 이리

 풀이

은혜를 저버린 채, 도와 준 사람을 해치는 자를 비유하는 말이다.[명(明)나라 마중석(馬中錫)의 《동전집(東田集)·중산랑전(中山狼傳)》에 나오는 이야기이다. 동곽선생(東郭先生)이, 화살에 맞고 사냥꾼에게 쫓기는 이리를 바랑 속에 숨겨 주었다. 사냥꾼이 간 뒤에 바랑에서 나온 이리는 동곽선생을 잡아먹으려 하였다.]

忠言逆耳　zhōng yán nì ěr

충언역이 : 충언은 귀에 거슬린다.

 풀이

충직한 권고는 듣기에 거슬리나 귀담아들어야 함을 비유한다.

출전 : 《史記·留侯世家》, “忠言逆耳利于行, 毒藥苦口利于病。願沛公聽樊噲言。”

번역 : 《사기·유후세가》, “충언은 귀에 거슬리지만 행실에 이롭고, 독한 약은 입에 쓰지만 병에 이롭다고 하였습니다. 바라건대 패공께서는 번쾌의 말을 따르십시오.”

逐鹿(逐鹿)　zhúlù

축록 : 사슴을 쫓다.

풀이

천하를 차지하려고 싸우는 것을 비유한다.

출전 :《史記 · 淮陰侯列傳》, “秦失其鹿, 天下共逐之。於是高材疾足者先得焉。”

번역 :《사기 · 회음후열전》, “진나라가 사슴을 잃자, 천하 사람들이 모두 그것을 쫓았습니다. 이에 뛰어난 재주와 빠른 발을 가진 자가 먼저 그것을 얻게 되었습니다.”

煮豆燃萁　zhǔ dòu rán qí

자두연기 : 콩을 삶는데 콩대를 태우다.

풀이

형제간에 서로 해치는 것을 비유한다.[위(魏) 문제(文帝) 조비(曹丕)가 그의 동생 조식(曹植)에게, 일곱 걸음을 걷기 전에 시를 완성하지 못하면 죽이겠다고 하였다. 이에 조식은 즉시 한 수의 시를 지었는데, 그 시에 나오는 내용이다.]

출전 : 南朝 宋 劉義慶,《世說新語 · 文學》, “煮豆持作羹, 漉豉以爲汁。萁在釜下燃, 豆在釜中泣。本自同根生, 相煎何太急。”

번역 : 남조 송 유의경,《세설신어 · 문학》, “콩을 삶아 국을 만들고, 삶은 콩을 걸러 콩즙을 만든다. 콩대는 가마 아래에서 타고,

콩은 가마 안에서 운다. 본디 같은 뿌리에서 태어났건만, 상
대를 볶아대는 것이 어찌하여 너무나도 심한가?"

助长(助長) ☞ 揠苗助長
zhùzhǎng ☞ yà miáo zhù zhǎng

조장 ☞ 알묘조장

捉刀　zhuōdāo

착도 : 칼을 잡다.

풀이

다른 사람을 대신하여 문장을 짓거나 일을 처리하는 것을 비유한
다.

출전 : 南朝 宋 劉義慶,《世說新語·容止》, "魏武將見匈奴使, 自以
形陋, 不足雄遠國, 使崔季珪代, 帝自捉刀立牀頭。既畢,
令間諜問曰, 魏王何如? 匈奴使答曰, 魏王雅望非常。然牀
頭捉刀人, 此乃英雄也。"

번역 : 남조 송 유의경,《세설신어·용지》, "조조(曹操)가 장차 흉노
의 사신을 접견하려다가 자신이 못생겨서 먼 나라에 위엄을
보이지 못할 것이라고 여겨, 최계규로 하여금 대신하도록 하
고, 조조 자신은 칼을 들고 탁자 머리에 서 있었다. 접견이 끝
나자 첩자를 시켜 흉노 사신에게, '위왕이 어떻습니까?' 라고

묻게 하였다. 흉노의 사신이, '위왕의 고아한 모습이 예사롭지 않았습니다. 그러나 탁자 머리에서 칼을 들고 있던 사람이 바로 영웅이었습니다.' 라고 대답하였다."

斲轮老手(斲輪老手)　zhuó lún lǎo shǒu

풀이

어떤 일에 경험이 풍부하여 경지에 이른 사람을 비유하는 말이다.

출전 :《莊子·天道》, "得之於手而應於心, 口不能言。有數存乎其間。臣不能以喩臣之子, 臣之子亦不能受之于臣。是以行年七十而老斲輪。"

번역 :《장자·천도》, "그것을 손에서 터득하고 마음으로 감응할 뿐이지 입으로 말할 수는 없습니다. 그 사이에는 어떤 이치가 존재하고 있습니다. 저는 저의 자식에게도 깨우쳐 줄 수 없고, 저의 자식 역시 저에게서 물려받을 수 없습니다. 이 때문에 나이 칠십이 되도록 늘 수레바퀴를 깎습니다."

子虚(子虛)　zǐxū

풀이

허구적인 인물이나 일을 가리킨다.[한(漢)나라의 사마상여(司馬相

출전 : 《史記·司馬相如傳》, "相如以子虛, 虛言也, 爲楚稱。烏有先生者, 烏有此事也, 爲齊難。無是公者, 無是人也, 明天子之義。"

번역 : 《사기·사마상여전》, "상여는 '자허'로 허구의 말을 만들어 초나라에 대해 칭송하였다. '오유선생'이란 것은 어찌 이런 일이 있겠는가라는 뜻이니, 제나라를 위해 (초나라를) 힐난한 것이다. '무시공'이란 것은 이런 사람은 없다는 뜻이니, 천자의 도리를 밝힌 것이다."

自暴自弃(自暴自棄) zì bào zì qì

자포자기 : 스스로를 해치고 스스로를 버리다.

풀이

포기 상태에 빠져 진취적이지 못한 것을 비유한다.

출전 : 《孟子·離婁上》, "自暴者, 不可與有言也, 自棄者, 不可與有爲也。言非禮義, 謂之自暴也, 吾身不能居仁由義, 謂之自棄也。"

번역 : 《맹자·이루상》, "스스로를 해치는 자는 함께 말할 수 없고, 스스로를 버리는 자는 함께 일할 수 없다. 말할 때마다 예와

의를 비난하는 것을 '스스로를 해친다.'라고 하고, 내 몸은
인에 거처할 수 없고, 의를 따를 수 없다고 하는 것을 '스스
로를 버린다'라고 하는 것이다."

자강불식 : 스스로 힘쓰며 쉬지 않다.

 풀이

힘써 노력하며 부단히 정진하는 것을 비유한다. '자강불식(自彊
不息)'으로도 쓴다.

출전 :《周易·乾卦》, "天行健, 君子以自强不息。"

번역 :《주역·건괘》, "하늘의 운행은 건실하니, 군자는 이를 본받아
스스로 힘쓰며 쉬지 않는다."

자아작고 : 나로부터 고전이 되다.

 풀이

옛것에 구애되지 않는 창조적인 태도를 비유한다. '자아작고(自
我作故)'로도 쓴다.

출전 :《唐大詔令集·貞觀五年封建功臣詔》, "自我作古, 未必專依
前典。"

 :《당대조령집 · 정관오년봉건공신조》, "나로부터 고전이 되니, 그저 옛 법을 전적으로 따를 필요는 없다."

纵虎归山(縱虎歸山) zòng hǔ guī shān

종호귀산 : 호랑이를 놓아 주어 산으로 돌아가게 하다.

풀이

강한 적을 풀어 주어 화근을 남기는 것을 비유한다.

출전 :《三國演義》第二一回, "程昱曰, 昔劉備爲豫州牧時, 某等請殺之, 丞相不聽。今日又與之兵, 此放龍入海, 縱虎歸山也。"

번역 :《삼국연의》제21회, "정욱이 말하기를, '전에 유비가 예주목이었을 때, 저희들이 그를 죽이자고 하였는데 승상께서는 듣지 않으셨습니다. 오늘 또 그에게 군사를 준다면, 이는 용을 놓아 주어 바다로 들어가게 하는 것이며, 호랑이를 놓아 주어 산으로 돌아가게 하는 것입니다.'"

醉翁之意不在酒 zuìwēng zhī yì bù zài jiǔ

취옹지의부재주 : 취옹의 의미는 술에 있지 않다.

풀이

본뜻이 다른 곳에 있음을 나타내는 말이다.

 :宋 歐陽修，〈醉翁亭記〉，"醉翁之意不在酒，在乎山水之間
也。"

번역 :송 구양수，〈취옹정기〉，"취옹의 의미는 술에 있는 것이 아니
라，산수 간에 있다."

左袒(左襢)　zuǒtǎn

좌단 : 왼쪽 어깨를 드러내다.

풀이

한쪽을 편드는 것을 가리킨다.[한고조 유방(劉邦)이 죽은 뒤, 여
후(呂后)와 그 일족이 권력을 장악하였다. 여후가 죽자 태위(太
尉)인 주발(周勃)이 여씨 일족을 제거하기 위하여 군중(軍中)에
서 선언한 말에서 유래하였다.]

출전 :《史記·呂太后本紀》，"太尉 … 行令軍中曰，爲呂氏右襢，
爲劉氏左襢。軍中皆左襢爲劉氏。"

번역 :《사기·여태후본기》，"태위가 … 군중에 명을 내려，'여씨를
지지하는 자는 오른쪽 어깨를 드러내고，유씨를 지지하는 자
는 왼쪽 어깨를 드러내라.'라고 하자 군중의 모든 사람들이
왼쪽 어깨를 드러내어 유씨를 지지하였다."

坐井观天(坐井觀天)　zuò jǐng guān tiān

좌정관천 : 우물에 앉아 하늘을 보다.

안목이 좁은 것을 비유한다.

출전 : 唐 韓愈,〈原道〉, "老子之小仁義, 非毀之也。其見者, 小也。坐井而觀天, 曰天小者, 非天小也。"

번역 : 당 한유,〈원도〉, "노자가 인과 의를 작게 여긴 것은 그것을 손상시킨 것이 아니다. 그가 본 것이 작아서이다. 우물에 앉아 하늘을 보면서, '하늘이 작다.'고 말하는 것은, 하늘이 작아서가 아니다."

作东(作東) zuòdōng

작동 : 동쪽이 되다.

한턱 내는 것을 비유한다. '주동(做東)'으로도 쓴다.[옛날에 주인의 자리는 동쪽에 있었고, 손님의 자리는 서쪽에 있었다. 따라서 동쪽이 된다는 것은 주인이 되어 접대한다는 의미이다.]

출전 :《禮記·曲禮上》, "主人入門而右, 客入門而左。主人就東階, 客就西階。"

번역 :《예기·곡례상》, "주인은 문에 들어서서 오른쪽으로 가고, 손님은 문에 들어서서 왼쪽으로 간다. 주인은 동쪽 계단으로 오르고, 손님은 서쪽 계단으로 오른다."

作法自毖(作法自斃)　zuò fǎ zì bì

작법자폐 : 법을 만들고 자신이 (그 법에) 죽다.

풀이

자신이 만든 규정에 자신이 피해를 당하는 것을 비유한다. 원래는 '작법자폐(作法自弊)' 로 썼다.

출전 :《史記·商君列傳》, "發吏捕商君。商君亡至關下, 欲舍客舍。客人不知其是商君也, 曰, 商君之法, 舍人無驗者坐之。商君喟然歎曰, 嗟乎! 爲法之敝, 一至此哉。"

번역 :《사기·상군열전》, "[진(秦) 혜문왕(惠文王)이] 옥리(獄吏)를 보내 상앙(商鞅)을 잡아오도록 하였다. 상앙은 도망쳐 관문 아래에 이르렀고, 객사(客舍)에 머물려 하였다. 객사의 주인은 그가 상앙임을 모르고 말하기를, '상앙의 법에 (의하면,) 증빙이 없는 사람을 머물게 하면 법에 걸립니다.' 라고 하였다. 상앙이 길게 탄식하면서, '아! 법을 만든 폐단이 심지어 이 지경에까지 이르렀구나.' 라고 하였다." ['폐(敝)' 는 '폐(弊)' 와 같은 뜻이다.]

作茧自缚(作繭自縛)　zuò jiǎn zì fù

작견자박 : 고치를 만들어 스스로를 속박하다.

풀이

스스로 자신을 곤란하게 만드는 것을 비유한다.

출전 : 唐 白居易, 〈江州赴忠州至江陵已來舟中示舍弟五十韻〉, "燭
蛾誰救護, 蠶繭自纏縈。"

번역 : 당 백거이, 〈강주부충주지강릉이래주중시사제오십운〉, "불
나방을 누가 구해 줄 것이며, 누에고치는 스스로를 얽어매는
구나.

ㅁ

人

ㅈ

ㅌ

ㅍ

초판 인쇄 : 2006년 12월 20일
초판 발행 : 2006년 12월 30일

저　　자 : 김 창 환
펴낸이 : 이 순 희
펴낸곳 : 도서출판 **제일어학**
등　　록 : 1993. 4. 1 제21-429호

주소 : 서울시 서초구 방배동 537의 40
전화 : (02)523-1657, 597-1088
팩스 : (02)597-6464
대체 : 국민 084-25-0012-739

ISBN 978-89-5621-052-0

＊잘못된 책이나 파본은 교환해 드립니다.